Texte : (
Illustrat

Un baiser pour Julos

À PAS DE LOUP
niveau 3

Je dévore les livres

Dominique et compagnie

Données de catalogage avant publication (Canada)

Duchesne, Christiane, 1949-
Un baiser pour Julos
(À pas de loup. Niveau 3, Je dévore les livres)

ISBN 2-89512-132-X

I. Pratt, Mylène. II. Titre. III. Collection.

PS8557.U265B34 2000 jC843'.54 C99-941589-1
PS9557.U265B34 2000
PZ23.D82Ba 2000

Éditrice : Dominique Payette
Directrice de collection :
Lucie Papineau
Direction artistique et graphisme :
Primeau & Barey
Dépôts légaux : 1er trimestre 2000
Bibliothèque nationale du Québec
Bibliothèque nationale du Canada

Dominique et compagnie
300, rue Arran, Saint-Lambert
(Québec) Canada J4R 1K5
Téléphone : (514) 875-0327
Télécopieur : (450) 672-5448
Courriel : info@editionsheritage.com

Imprimé au Canada

10 9 8 7 6 5 4 3 2

Nous remercions le Conseil des Arts du Canada de l'aide accordée à notre programme de publication, ainsi que la SODEC et le ministère du Patrimoine canadien.

Pour Rémi et Émilie,
loin, loin, là-bas dans
l'Aveyron…

Sur le chemin qui
descend vers l'école,
entre les grands pins
et les rares bouleaux,
le petit Julos marche en
regardant ses pieds.

– Gauche, droite,
gauche, droite...
[illegible]ncore gauche.
[illegible]gauche,
g[illegible]

Le pied droit dans sa main droite, le petit Julos saute tranquillement sur un seul pied.
– Gauche, gauche, gauche, gauche...

Une racine juste à côté d'un trou et, tout à coup, hop !

Hop ! le petit Julos s'arrête pile.
– Si j'étais comme les autres, j'aurais pu tomber dans le trou... dit le petit Julos.

Le petit Julos n'est pas comme les autres. Mais les autres ne le savent pas. C'est un immense secret qu'il garde bien au chaud sur le bord de son cœur.

Hier, une petite fille est entrée dans la classe sans dire un mot. Elle a les cheveux noirs comme la crinière de Nero. Quand elle est entrée, elle a souri doucement. Elle a dit qu'elle venait d'une autre école.

Elle a dit qu'elle venait de changer de maison, de changer d'école, de changer d'amis.

Elle a souri encore, elle a regardé le petit Julos droit dans les yeux.
Elle a dit qu'elle
s'appelait Lola.

Tout le monde court, tout le monde rit, tout le monde crie. Tout le monde sort de l'école. Finie la journée ! Le petit Julos range lentement ses affaires. Il lève la tête. Quelqu'un l'observe. Il sent dans son dos deux yeux qui l'appellent.

Il se retourne et il voit Lola, toute droite, son sac sur le dos et sa tresse par-dessus. Son cœur fait un petit bond.

– Par quel chemin tu rentres ? demande Lola.

– Par celui-là, répond le petit Julos en montrant le chemin des grands pins.

– Alors, moi aussi, dit Lola avec un sourire.

Sur le chemin des grands pins, Lola saisit tout à coup la main du petit Julos encore toute brune du dernier été. Et elle se met à courir.
–Non ! hurle Julos. Non !

Lola veut courir jusqu'au premier bouleau.

Elle part au galop, sa tresse sur le dos.
–Le premier arrivé aura… quelque chose !

Elle court, elle court, Lola !

Essoufflée, tout en sourires,
elle s'adosse au premier bouleau
et regarde venir le petit Julos.
– Cours ! crie Lola. Cours un peu
et je te donnerai...
– Non !

Le petit Julos rejoint Lola sous
le premier bouleau.
– Je cours jusqu'au pin qui a
perdu sa tête. Là-bas, tu le vois ?
– Lola, ne cours pas, demande
le petit Julos.

Dans la tête de Lola, des questions...
Il est paresseux ? Il a mal aux pieds ?
Qui c'est, ce drôle de garçon qui
ne veut pas courir ?

Dans la tête de Lola, il y a une idée.
Une idée toute douce. Quand elle
a vu le petit Julos et ses grands yeux
bruns en entrant dans la classe, elle
a eu envie d'un petit baiser. Juste un,
en fermant les yeux.

Dans la tête du petit Julos, il y a
une idée.

Dans la tête du petit Julos,
il y a une idée triste.

Lola et Julos marchent lentement jusqu'au grand pin qui a perdu la tête.

– Chez moi aussi, les arbres ont perdu leur tête. Crac ! Cassées par la glace, les têtes ! Moi, j'ai gardé la mienne, ajoute-t-elle en riant.

Et Lola parle, parle, parle de son ancienne forêt, aussi belle que celle-ci.

Dans la tête du petit Julos, il y a une question: lui offrira-t-il le secret qu'il garde bien au chaud sur le bord de son cœur ?

–Lola, je ne peux pas courir avec toi.

Lola veut lui répondre, mais le petit Julos ne lui laisse pas le temps de parler. Il doit faire sortir le secret.
–Je ne pourrai jamais courir avec toi.

Lola ouvre grand ses yeux noirs remplis de questions muettes.
–Je ne pourrai jamais courir avec toi parce que je n'ai pas les ressorts qu'il faut.

Il n'y a pas d'étincelles dans les jambes de Julos. Il n'y a pas de feu. Julos a des jambes froides, des jambes fatiguées.
–Elles sont malades ?
–Elles sont très malades et on va les guérir. Mais ce sera long.

–J'attendrai, dit Lola en prenant la main du petit Julos.

Le sourire de Lola et ses yeux noirs, droit dans ceux du petit Julos... Hop, le cœur de Julos fait encore un bond.

Doucement, ils ont marché jusque chez lui.
–C'est chez moi, dit-il en montrant l'immense champ doré et la maison, loin, loin là-bas.

Juste à ce moment-là, arrive Nero,
fier comme un grand cheval, noir, noir,
noir comme les yeux de Lola.

–C'est mon cheval ! dit fièrement Julos.

Il s'agrippe à la crinière bien drue
et se hisse sur le dos de Nero.
–Monte, Lola ! Monte!

Julos tend la main à Lola. Elle saute,
et les voilà tous les deux sur le dos du
cheval.
–Moi, je ne peux pas courir, dit Julos
à Lola. Mais lui, oh ! qu'il galope...

Les deux mains serrées autour de Julos, Lola ferme les yeux. Ils galopent, ils volent presque tous les deux.

Si Nero pouvait sourire, il le ferait avec bonheur. Il sent bondir le cœur de Julos. Il sent sourire le cœur de Lola. Jamais il n'a senti son petit Julos aussi heureux.

Dans le dos de Julos, Lola pique d'invisibles baisers, ici, et encore ici, et là, un autre.

Julos éclate de rire et crie très fort:

–Lola, c'est un secret. Juste pour nous deux?

–Juste pour nous deux, souffle Lola dans l'oreille de Julos.

Et là, sous son oreille, elle pique un autre baiser.

HAT
DESKS

Natif de New York, le romancier et essayiste Jerome Charyn a fait de cette ville le personnage central de son œuvre. Son cycle de romans policiers mettant en scène le commissaire Isaac Sidel (publiés chez Gallimard et Denoël) constitue un portrait mythique de New York qu'on a comparé à une fresque balzacienne revue par Dali. Ses textes documentaires sur l'histoire, la société et la culture new-yorkaises (dont *Metropolis*, 10/18, 1987) sont autant de réflexions sur l'énigme d'une métropole qui en est venue à symboliser la quintessence du monde urbain.

Traduit de l'américain par Cécile Bloc-Rodot

Dépôt légal : avril 1994
Numéro d'édition : 57688
ISBN : 2-07-053219-4
Imprimerie Kapp Lahure Jombart, à Evreux

NEW YORK
CHRONIQUE D'UNE VILLE SAUVAGE

Jerome Charyn

avec la collaboration de Cécile Bloc-Rodot

DÉCOUVERTES GALLIMARD
MÉMOIRE DES LIEUX

Le Nouveau Monde n'était rien d'autre que le rêve de l'Europe à sa propre image magnifiée, une aspiration à se rapprocher de Dieu et à devenir très, très riche. Aucun lieu n'incarne mieux cet étrange «mouillage de l'absolu» que New York City, où se concentrent toutes les énigmes, les confusions et les contradictions du Nouveau Monde – une ville rêvée, bâtie sur une île dotée d'un des plus grands ports naturels qui aient jamais existé.

CHAPITRE PREMIER
PETIT ABRÉGÉ D'HISTOIRE

Deux siècles de négoce : du jour où Peter Minuit acheta l'île de Manhattan (à droite) à cet après-midi du 13 octobre 1857 où les banques de New York fermèrent (à gauche). De nombreux grands financiers de l'époque sont peints sur ce tableau de Wall Street à l'heure de la panique financière qui entraîna le pays dans une crise économique de plus de deux années.

Les découvreurs : Christophe Colomb

1492. Colomb découvre l'Amérique, presque par accident. Contrairement à la plupart de ses contemporains, il pensait que la terre était ronde et qu'en naviguant vers l'ouest, il pourrait atteindre le Japon. Fanatique et remarquable navigateur, il était convaincu qu'il pourrait découvrir l'endroit où l'or «naissait» et explorer l'embouchure du paradis terrestre. Il tomba en chemin sur le Nouveau Monde, baptisa les autochtones qu'il y trouva «Indiens», s'imaginant qu'ils devaient être l'obscure parentèle de quelque grand khan. Il mentit, trompa, tua, et considéra toute l'étendue du Nouveau Monde comme son domaine privé. D'autres explorateurs arrivèrent après Colomb; il y eut une ruée vers les Amériques, pour coloniser et convertir, «civiliser» et asservir, pour chercher l'aventure. Colomb naviguait sous le patronage du roi Ferdinand et de la reine Isabelle qui instaurèrent l'Inquisition espagnole et s'efforcèrent de démasquer et d'anéantir les *conversos* – ou Juifs cachés – de leur royaume. Nombre de ces *conversos* fuirent en Hollande, où ils se mirent à prospérer et contribuèrent à l'«âge d'or» flamand, une époque de tolérance religieuse et de croissance économique inouïes. Pour les Hollandais, tous les réfugiés étaient les bienvenus. Amsterdam devint la première place financière d'Europe. Elle possédait la plus grande flotte marchande et ouvrit le premier marché boursier. L'art et le commerce s'y épanouissaient de concert.

En 1609, un mystérieux Anglais employé par les Hollandais, Henry Hudson, tenta de localiser le passage du Nord-Ouest

Le débarquement de Christophe Colomb en Amérique (ci-contre), vu par Théodore de Bry, artiste huguenot du XVIe siècle qui n'avait jamais mis les pieds au Nouveau Monde, marque le début d'une légende : celle d'un paradis terrestre où chaque aventurier découvrirait sa propre terre de possibilités infinies. Ce paradis faisait déjà partie de l'imaginaire européen.

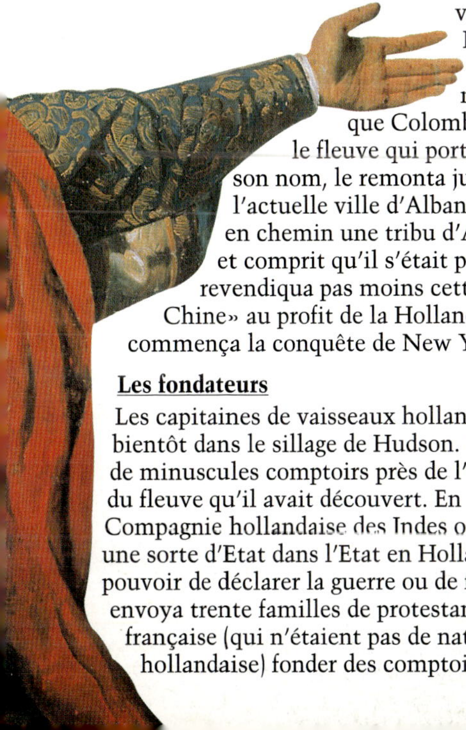

vers la Chine. Hudson fut aussi malheureux que Colomb ; il tomba sur le fleuve qui porte maintenant son nom, le remonta jusqu'à l'actuelle ville d'Albany, rencontra en chemin une tribu d'Amérindiens et comprit qu'il s'était perdu. Il n'en revendiqua pas moins cette «fausse Chine» au profit de la Hollande. Ainsi commença la conquête de New York.

Les fondateurs

Les capitaines de vaisseaux hollandais furent bientôt dans le sillage de Hudson. Ils établirent de minuscules comptoirs près de l'embouchure du fleuve qu'il avait découvert. En 1624, la Compagnie hollandaise des Indes occidentales, une sorte d'Etat dans l'Etat en Hollande, doué du pouvoir de déclarer la guerre ou de faire la paix, envoya trente familles de protestants de langue française (qui n'étaient pas de nationalité hollandaise) fonder des comptoirs

Christophe Colomb montre à ses marins la première terre découverte : «Plus tard, je reçus le Roi sur le bateau avec toute la pompe requise et, par la bouche de mes Indiens du bord, lui dis alors que nous étions dépêchés par les Souverains de Castille qui étaient les plus grands Souverains du monde. Mais ni le Roi ni mes interprètes indiens ne voulurent croire cela. Ils pensent que nous venons du Paradis et que le royaume des Souverains de Castille se trouve au Paradis et non en ce monde.»

Giovanni da Verrazzano (ci-dessous), navigateur italien au service de François Ier, fut sans doute le premier européen à pénétrer dans la baie de New York, en 1524, alors qu'il explorait la côte nord de l'Amérique à la recherche d'un passage vers le Pacifique. Sa fin demeure mystérieuse. Il aurait été pendu par des pirates ou tué et mangé par des Indiens aux Antilles.

supplémentaires. Cette expédition devait être temporaire, une toute petite excursion dans le Nouveau Monde. Mais en 1626, la Compagnie fit de Peter Minuit le premier gouverneur général de la «Nouvelle-Hollande», ainsi que s'appelait la petite colonie. Minuit avait aussi une âme de promoteur immobilier. Pour 24 dollars de babioles, il acheta l'île de Manhattan à un groupe d'Algonquins qui s'y trouvait. Ce fut la plus belle opération foncière de tous les temps... et un énorme mensonge. Cette tribu mythique deManhattan n'était que de passage sur l'île, mais

cela n'arrêta pas Peter Minuit. Il bâtit un fort à la pointe de Manhattan : ainsi naquirent «Nieuw Amsterdam» et ses deux cents habitants.

Peter Stuyvesant (ci-dessus), dernier gouverneur hollandais de New Amsterdam, «un homme, selon Washington Irving, ou plutôt un gouverneur, doué d'une énergie et d'une faculté de décision si extraordinaires qu'il ne cherchait ni n'acceptait jamais le conseil d'autrui».

New Amsterdam, village d'affaires

New Amsterdam était une cité du commerce surgie de l'imagination, un morceau du Vieux Monde posé sur le Nouveau. Les Hollandais furent les

Beaucoup de New-Yorkais périrent dans le grand incendie de 1835, d'autres furent plongés dans la misère, sans abri. Trois mille pompiers luttèrent contre les flammes mais les pompes à eau furent paralysées par l'intensité du froid. L'incendie ne put être maîtrisé que grâce aux coupe-feu ménagés en faisant sauter des maisons à la poudre. Après l'Incendie, la ville gisait en un amas de ruines noircies. Le quartier des affaires (ci-contre) – y compris la Bourse – était parti en fumée.

capitale permanente sur les rives du fleuve Potomac. Washington désigna lui-même le site de cette nouvelle «cité fédérale», près de sa Virginie natale. Il imaginait une ville qui rivaliserait avec les grandes capitales d'Europe : Paris-sur-Potomac. Mais l'énergie et l'exubérance de ce nouveau pays, les Etats-Unis, n'échurent pas à Washington, D. C., village somnolent construit sur un marécage ondulant de «collines» de moustiques. Elles investirent, faute de mieux, cette île pouilleuse à l'embouchure de l'Hudson : New York, New York.

La capitale de la débrouille

Privée de tous les avantages qu'un statut de capitale fédérale lui aurait offerts, New York ne dut compter pour survivre

que sur sa seule débrouillardise. La ville lança un marché boursier en 1792, un quartier voué aux affaires : Wall Street. Les derniers vestiges de New Amsterdam disparurent en 1835 dans un incendie. Mais l'esprit hollandais de négoce demeura, négoce qui tirait ses plus juteux profits du domaine foncier.

Le plus visionnaire de tous les New-Yorkais fut probablement De Witt Clinton, premier grand chef politique de New York. Ce fut sous son mandat de maire (pendant la majeure partie des années 1803 à 1815) qu'on forma une commission destinée à planifier le tracé des futures rues de Manhattan. De Witt Clinton et ses commissaires conçurent une ville de 2 928 *blocks*, la «grille» de Manhattan. En réalistes de l'imagination, ils avaient compris qu'aucune métropole ne pouvait prospérer sans un plan audacieux pour «acheter, vendre et améliorer la propriété immobilière». La «grille» aida à engendrer bien des millionnaires ainsi qu'une sorte de «Manhattanisme» schizophrène, entraînant la disparition soudaine de paysages entiers. Rien n'était à l'abri, rien n'était en sûreté, et Manhattan commençait à se transformer en poule aux œufs d'or

John Jacob Astor (1763-1848, à gauche), premier millionnaire d'Amérique, devint, après l'établissement de la «grille», l'homme le plus riche du monde. Il acheta parcelle après parcelle de terrain jusqu'à posséder presque toute l'île de Manhattan.

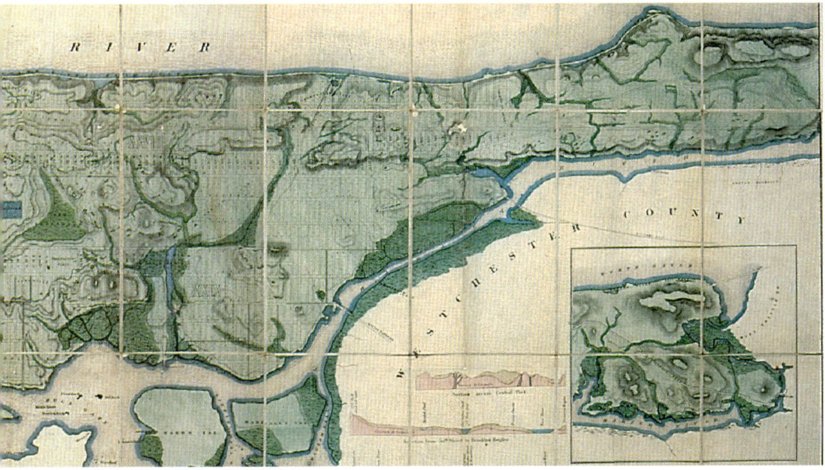

de l'Amérique. La durée moyenne de vie d'un immeuble était d'environ dix ou vingt ans. On aurait dit que l'Histoire ne pouvait s'y sédimenter, pas même autour de ces demeures que les Astor, les Beekman, les Vanderbilt – les plus riches familles d'Amérique – commencèrent à se faire construire dans les années 1840. Les quartiers à la mode changeaient beaucoup trop vite... et les demeures devaient être reconstruites ailleurs. New York était portée par un mouvement vers le nord. Et l'Histoire devait recommencer à zéro – pour les nantis, tout au moins.

Suivant le tracé oblique d'un ancien sentier indien, Broadway (ici, au sud de St Paul) fut la seule artère à défier la géométrie implacable de la «grille» de Manhattan.

Débarquement d'immigrants à la Battery (pointe sud de Manhattan) pendant les années 1850. C'est l'époque à laquelle la salle de spectacle de Castle Garden (bâtiment circulaire sur la gauche) fut reconvertie en centre d'accueil pour immigrants.

L'immigration irlandaise

Les pauvres, quant à eux, semblaient exister en dehors de l'Histoire. Ils n'avaient pas de terrain à faire construire. Ils trimaient, avec bien peu de moyens pour imprimer la «trace» de leur vie. La plupart étaient des immigrants arrivés après la guerre d'Indépendance, fuyant quelque famine européenne. New York fut dès sa naissance une ville d'immigrants ; les Hollandais avaient créé un monde

cosmopolite, accueillant aux étrangers, qui pouvaient espérer y prospérer. Toutefois, ceux-ci devaient se définir par rapport aux différentes cultures «autochtones», anglaise ou hollandaise. Cette population d'immigrants a toujours été la véritable «blessure» de New York en même temps que sa principale source d'énergie. Ainsi les Irlandais qui arrivèrent au XIXe siècle furent-ils victimes de l'ostracisme des «aristocrates» anglais et hollandais parce qu'ils étaient catholiques, illettrés et pauvres.

En 1860, New York vit arriver 105 123 immigrants, dont 45% d'Irlandais et 36% d'Allemands. L'inscription «Pat Murfy for Ameriky» sur une malle est une allusion moqueuse du peintre Samuel Waugh à l'illetrisme des nouveaux arrivants.

Face à la cherté des loyers et la difficulté de trouver des serviteurs, beaucoup de New-Yorkais aisés préférèrent, à partir des années 1830, vivre à l'hôtel ou en meublé. La Maison Franklin (ci-contre), à la fenêtre de laquelle des messieurs font salon, était à l'époque un des hôtels les plus populaires de la ville. Ce type de vie en commun devint si répandu parmi les célibataires comme les couples mariés, que certains y virent une menace pour le foyer américain.

Il leur fallut vivre dans les quartiers les plus infâmes, comme celui de Five Points, dans le Lower East Side. Aux yeux de la majorité protestante, cela devait ressembler à une invasion. Vers 1850, presque un tiers de la ville était irlandais... Les Irlandais livrèrent bataille contre une certaine Ligue des écoles publiques protestantes pour obtenir le droit d'avoir leurs propres écoles. Ils se joignirent au cercle de Tammany Hall, la machine démocrate corrompue de Manhattan, parce qu'aucun autre parti ne voulait d'eux. Puisqu'ils ne pouvaient devenir *gentlemen*, banquiers ou marchands de bien, ils entreraient en politique, la plus vile des professions, et deviendraient fonctionnaires publics. C'est ainsi que durant le dernier tiers du XIXe siècle et une bonne partie du XXe siècle, les Irlandais gouvernèrent la ville de New York ; ils en étaient les instituteurs, les policiers, les chefs politiques. Ils constituèrent le plus impressionnant corps de fonctionnaires que la ville ait jamais possédé. Tout en contradictions, ils étaient à la fois paresseux et fiables, filous et acharnés au travail, formant un cercle de bigots charitables.

Ils appliquaient la loi à coup de poings... et la brisaient aussi. Les pires gangs de New York sortaient des culs-de-basse-fosse de Hell's Kitchen et Mulberry Bend – de violents gangs d'Irlandais qui portaient crânement le melon sur l'œil et s'entretuaient, mais qui avaient aussi leur propre démocratie rudimentaire : ils partageaient leur butin avec les pauvres... et avec le maire Fernando Wood. Wood servit deux mandats, de 1855 à 1858 et de 1860 à 1862. C'était un iconoclaste. Il voulait faire sécession du reste de l'Etat de New York, la ville devenant son propre Etat. Pendant quelque temps, New York eut deux corps de police – celui de Wood et celui de l'Etat – qui portaient des uniformes différents et se battaient entre eux sans discontinuer. Les gangs irlandais combattaient du côté du maire. Ils étaient aussi chasseurs de primes, capturant les esclaves fugitifs du Sud.

La Ville du Péché, 1855 : au Gem Saloon, un débit de boissons à la mode avec le plus grand miroir de Manhattan, le maire Fernando Wood (chapeau à la main) manœuvre contre un projet de loi de l'Etat de New York pour la prohibition de l'alcool. Au XIXe siècle, des sociétés de tempérance avaient surgi à travers toute l'Amérique, et surtout à New York, dépeinte dans les sermons comme un puits de vices et de corruption.

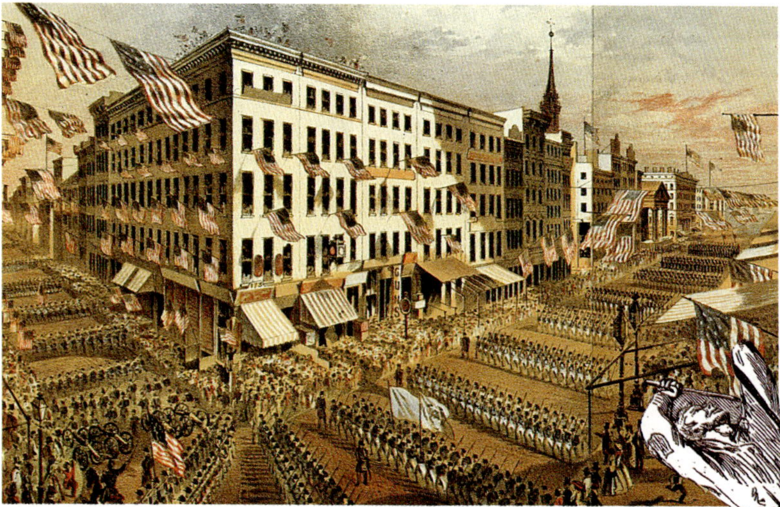

Les «Draft Riots»

New York entretint une curieuse affinité avec le Sud jusqu'au tout début de la guerre de Sécession (1861-1865). De nombreux marchands s'étaient alliés avec les planteurs sudistes et n'avaient aucune envie de voir l'esclavage prendre fin. Le maire Wood lui-même était un *copperhead*, un de ces démocrates du Nord non conformistes qui s'opposaient à la guerre. Ce fut sa propre «armée» irlandaise qui contribua à précipiter les émeutes de 1863 contre la conscription – ou *Draft Riots*. Un acte de conscription injuste permettait à tout homme en mesure de payer 300 dollars au gouvernement d'échapper à l'enrôlement. Des bandes d'ouvriers hostiles, dont beaucoup d'Irlandais, détruisirent les bureaux de recrutement du gouvernement à Manhattan et attaquèrent des Noirs – hommes, femmes et enfants – les accusant d'être la cause de la guerre. Ils mirent le feu au Colored Orphan Asylum (l'orphelinat pour enfants de couleur) sur la 5e Avenue, à la hauteur de la 43e Rue. Une petite fille périt. Dix-huit Noirs furent pendus par la foule. D'autres furent portés disparus... et jamais retrouvés. Le gouverneur Horatio Seymour déclara la ville en

En route pour la guerre : le 7e régiment de la milice de l'Etat de New York défile sur Broadway, le 19 avril 1861 (ci-dessus). Le sang commence à couler. Le pays se divise et dévore ses propres entrailles.

état d'insurrection tandis que des centaines d'hommes et de femmes gisaient sur le pavé. Il fallut cinq régiments pour venir à bout de l'émeute. Et New York retrouva un calme étourdissant. Vingt émeutiers seulement furent mis sous les verrous. Dix-neuf furent condamnés. Aucun d'eux ne fit plus de cinq ans de prison...

Ellis Island et les nouveaux immigrants

La fin de la guerre de Sécession marqua le début d'un «âge d'or».

Le juillet sanglant de 1863 : quatre jours d'émeute firent 1 200 morts et 8 000 blessés. La foule déchaînée sillonne la ville, pillant, incendiant et tuant. Ci-dessous, la police contre-attaque devant l'immeuble du *Tribune* assailli par les émeutiers enragés contre un patron de presse qui «pense qu'un nègre vaut un irlandais».

Le pays avait besoin d'une main-d'œuvre bon marché pour construire ses voies ferrées, et bâtir ses nouvelles industries et ses nouvelles villes. New York était le moteur principal de cette croissance dorée. Elle fournissait les capitaux et une bonne partie de la main-d'œuvre... et attira ainsi une nouvelle vague d'immigrants. Italiens, Serbes, Hongrois, Grecs, Polonais, Juifs russes et autres créatures des profondeurs de la misère, travailleurs sans qualification et victimes de pogroms, tous fuyaient, fuyaient vers l'Amérique. Ils traversaient l'océan dans les entrailles de quelque paquebot crasseux et débarquaient à Castle Garden, une ancienne salle d'opéra reconvertie en centre de triage. Puis on leur

Ci-dessous, une manifestation à Union Square en 1882. Nombre des premiers leaders syndicaux étaient irlandais, des hommes souvent désespérés, prêts à risquer leur vie pour une cause en apparence aussi irréaliste que la journée de travail de huit heures.

construisit des baraquements en bois sur Ellis Island. Ceux-ci ne furent pas plus tôt ouverts qu'ils furent submergés. Les agents devaient «traiter» vingt mille immigrants par jour dans des locaux conçus pour la moitié de ce nombre. Les baraquements brûlèrent...

« Le jour de l'arrivée des immigrants à New York était ce qui ressemblait le plus, en ce monde, au Jugement dernier, où l'on est digne, ou pas, d'entrer au Paradis. »
un journaliste, v. 1900

et furent remplacés en 1900 par un palais de style Art nouveau inspiré de la gare Montparnasse. Près de seize millions d'Européens allaient traverser les «salles des pas perdus» de cette gare centrale de l'immigration.

Ellis Island devint rapidement l'un des archétypes de New York, l'«île des Larmes» où les familles étaient souvent séparées, où les immigrants devaient passer par un creuset douloureux, où les corps étaient marqués à la craie, recevaient de nouveaux noms, de nouvelles identités et étaient précipités dans le chaos du Nouveau Monde, à la découverte de leurs propres ressources.

A la fin du siècle dernier, New York avait elle-même subi une métamorphose miraculeuse. Sa population était passée de 500 000 habitants en 1850 à plus de trois millions. New York était ce colosse qui s'était inventé lui-même et, avec l'avènement

« Au-dessus de la crête déchiquetée des toits, la fumée blanche, rendue plus blanche et diffuse sous le soleil oblique, s'échappait par les interstices du ciel. [...] Là s'étendait cette terre immense, incroyable, cette terre de liberté, d'infinie possibilité, cette Terre d'Or. »
Henry Roth

Rien ne fut plus saisissant que la naissance des gratte-ciel dans les années 1890 : en 1897, le Skyline de Manhattan (en bas) était déjà l'emblème du Nouveau Monde.

du gratte-ciel dans les années 1890 (grâce à l'ascenseur électrique), le colosse commença à créer son village vertical. Manhattan poussa vers le ciel comme un jardin magique... hérissé de tiges d'acier. Arrivages après arrivages, se succédaient les générations de *greenhorns*, ces blancs-becs de l'immigration qui tombaient dans l'anarchie essentielle de la ville, vivaient comme des fantômes pour ensuite rejoindre le reste des morts sans nom de New York. Leur profond silence fait partie du chant même de la ville. Ils n'avaient pas de palais sur la 5e Avenue. Peu d'entre eux devinrent millionnaires. Mais ils disaient la profonde tristesse d'hommes et de femmes occupant quelque recoin déshérité de l'imaginaire de la cité. Ils vivaient d'air malsain et de poussière, logeaient dans des placards sans lumière, apprenaient à lire et à écrire, et existaient en dehors de toute loi et de tout ordre conventionnels. C'étaient des bêtes rampantes de la nuit. Des nihilistes. Des New-Yorkais.

Par millions à travers le monde ils allaient répondre au magnétisme de cette icône rayonnant de puissance et de promesse, et tenter une nouvelle vie. Comme l'écrivit Melville, prophétique, dans les années 1840 : «Nous sommes les héritiers de tous les temps, et avec toutes les nations divisons notre héritage. En notre Occident, tous les peuples et tribus viennent former un seul tout uni ; et un avenir sera où tous les enfants délaissés d'Adam retrouveront le vieil âtre d'Eden [...]. Le grain est semé, la récolte viendra.»

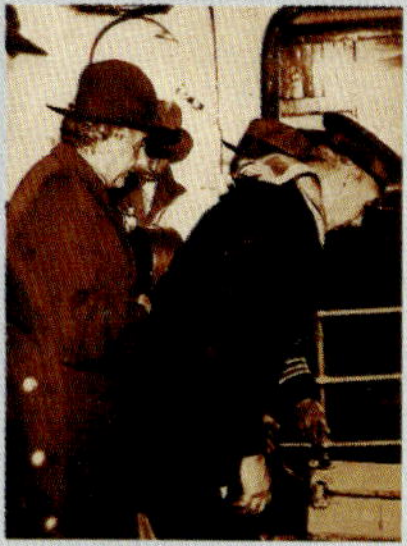

L'«île des larmes»

«L'examen des yeux fait un peu mal. Il terrifie les enfants. Les infirmières se tiennent prêtes avec des serviettes et des cuvettes remplies de désinfectant. Elles sont à l'affût du trachome, cause de plus de la moitié des détentions médicales. C'est un supplice difficile à comprendre que ce premier contact avec l'Amérique – cette palpation de la chair et cette inspection impudique des parties intimes», écrit Irving Howe à propos de l'examen médical subi par les immigrants à leur arrivée à Ellis Island. Mais seuls les pauvres passaient par l'«île des Larmes». Albert Einstein, fuyant l'Allemagne nazie, arriva sur le *Westerland* en 1933 (ci-dessus) sans avoir à passer par l'épreuve de rigueur pour les «anonymes».

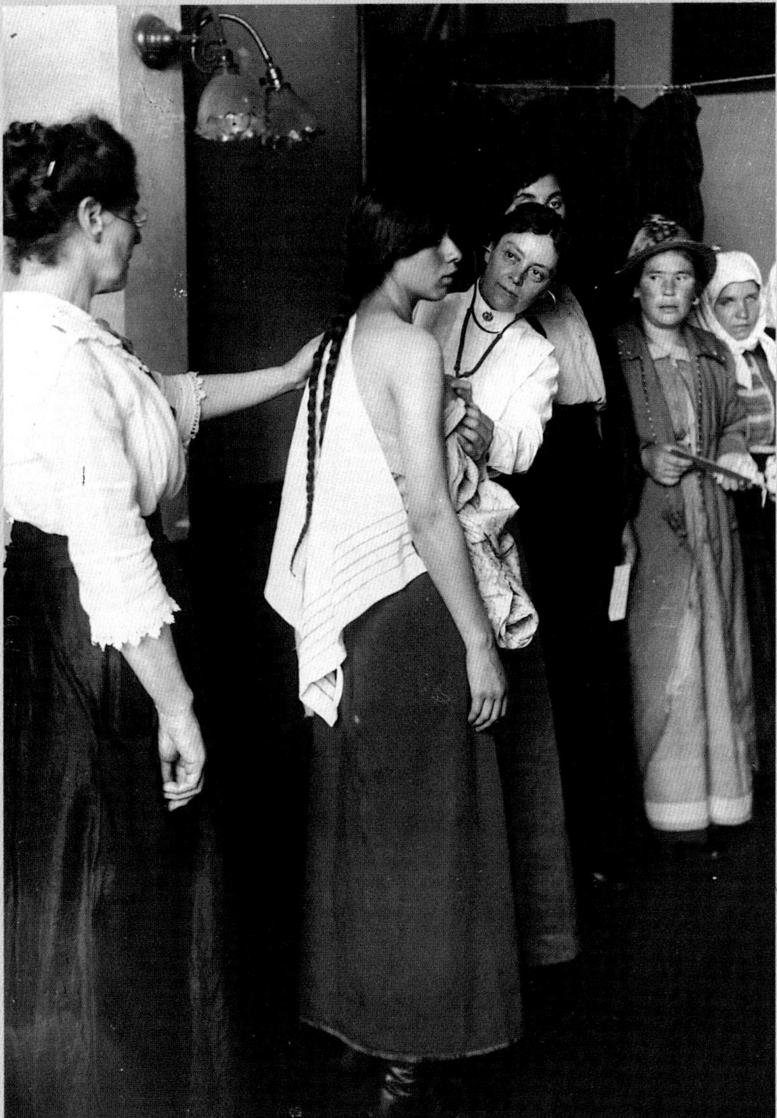

93116

Le Grand New York – ayant avalé Brooklyn et les «villages» de Queens, Staten Island et du Bronx – compte 3 437 202 habitants en 1900. C'est déjà le colosse de l'Occident, d'une superficie de près de 600 kilomètres carrés, avec une façade fluviale enserrant la ville comme les mâchoires d'un Léviathan. New York explose dans le vingtième siècle en ce paysage mythique de gratte-ciel et de ghettos. Dans sa ruée vers la modernité, Manhattan éventre la moitié de ses rues.

CHAPITRE II

NEW YORK AU XXe SIÈCLE

Deux «créatures» symbolisant l'énergie et le lyrisme de la modernité new-yorkaise : le Brooklyn Bridge (Joseph Stella, 1939) et les Rockettes, les *girls* du Radio City Music Hall – au célèbre coup de pied et à l'impeccable géométrie.

Henry James et le «Nouveau Colosse»

New York était le principal port d'accès aux Etats-Unis ; au cours de la seule année 1900, un million d'âmes passèrent dans ce parc à bestiaux appelé Ellis Island et furent «marquées» du sceau de l'Amérique. Mais pour une population plus ancienne et respectable de New-Yorkais d'origine, ces immigrants n'étaient guère plus que des métèques. Même Henry James, malgré toute sa finesse de critique social, ne sut les apprécier à leur juste valeur, eux et leur contribution à la nouvelle Amérique polyglotte. James était né à New York en 1843 mais il était dans une large mesure un produit de l'Europe. Ses compatriotes étaient Flaubert et Tourgueniev, non pas Melville ou Mark Twain. Il fut le premier moderniste des lettres américaines, qui contribua à cartographier le roman du XXe siècle et inventa une sorte de poésie

«On a l'impression que le monstre croît et croît sans cesse», écrivait de sa ville natale Henry James (ci-dessous), partagé entre fascination et répulsion.

Hester Street, cœur du quartier juif de New York (à gauche et à droite), faisait partie du monstre : c'était un univers implacable de vendeurs des rues où la possibilité d'exister était déterminée par quelques *pennies*. La rue résonnait de sa musique particulière de marchandage incessant, qu'on peut encore entendre aujourd'hui devant les étals d'Orchard Street.

minimaliste en prose. De retour en Amérique en 1904 après vingt ans d'absence, il eut peine à reconnaître New York dont la ligne d'horizon déchiquetée ressemblait à «un peigne cassé les dents en haut».

James avait des sentiments partagés à l'égard des «grands buildings» qui lui semblaient «comme d'extravagantes épingles plantées dans un coussin qui en était déjà trop hérissé». Mais il s'émerveillait de l'énergie qui l'entourait, de cette «intrépide puissance». Plongeant au cœur du «dense quartier yiddish» du Lower East Side, il fut fasciné et horrifié. Il se serait cru «au fond de quelque énorme aquarium glauque dans lequel d'innombrables poissons, à l'appendice nasal hypertrophié, se seraient indéfiniment entrechoqués au milieu d'un amoncellement de dépouilles marines».

Inquiet de «l'étendue de la conquête hébraïque de New York», il y lisait les «ravages à venir» et l'érosion de la langue anglaise. Les cafés du Lower East Side étaient des «chambres de torture de l'idiome vivant». Aussi moderne fût-il, James avait toujours un pied dans le XIXe siècle. Il ne pouvait déchiffrer les signes d'une ville pionnière. Pathologiquement patricien, il n'avait pas de sympathie pour l'homme du peuple ni pour le langage même de la migration qui allait enrichir l'Amérique, approfondir son idiome et non le détruire.

FOR
LDERMA
3RD DIST.

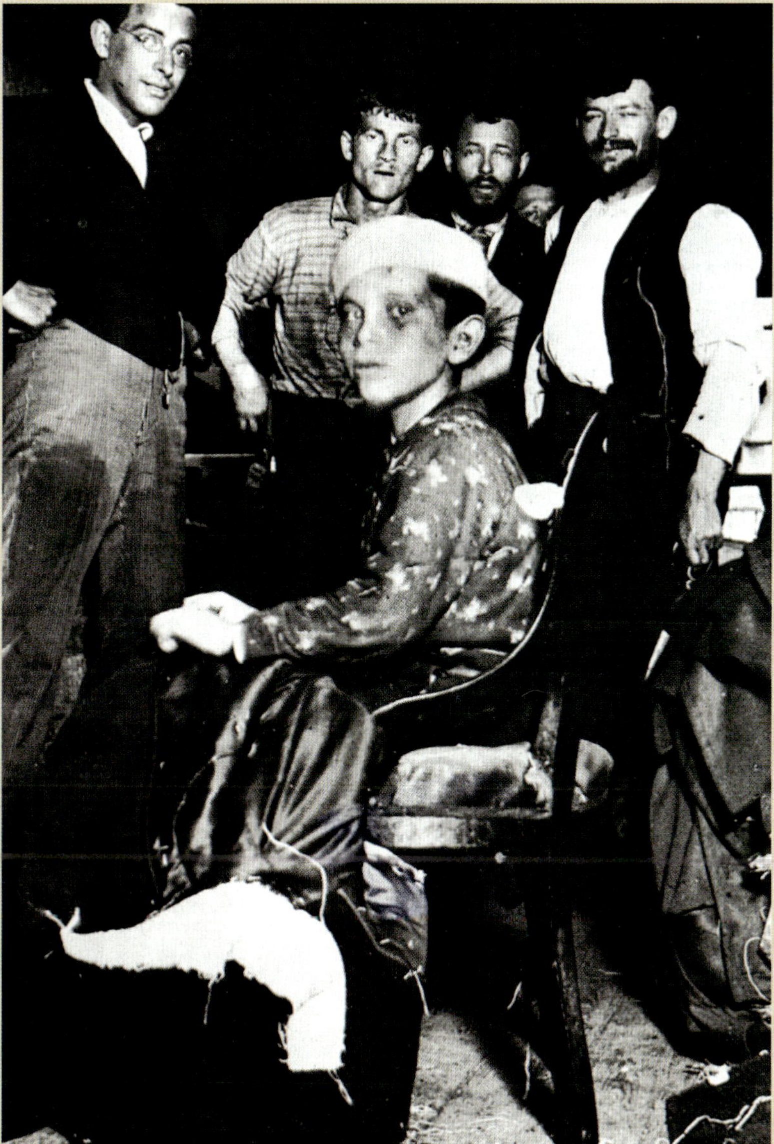

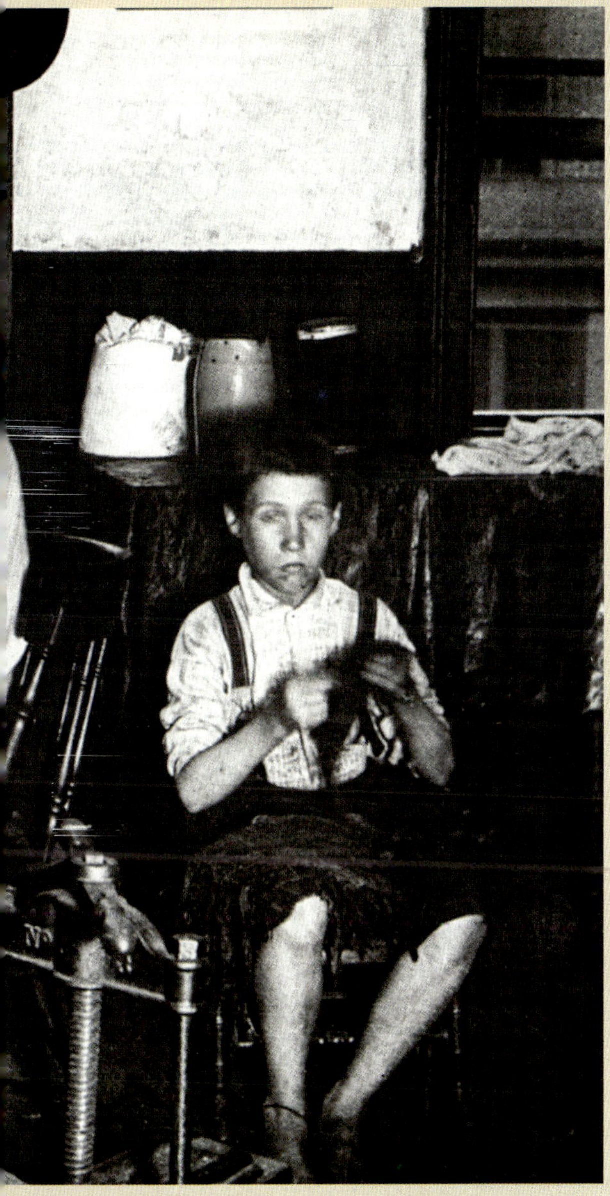

Comment vit l'autre moitié

Jacob Riis (1849-1914), lui-même immigrant du Danemark qui connut la faim et la pauvreté, fut le premier reporter à allier la photographie à l'écrit pour témoigner de la condition des pauvres à Manhattan. «Aujourd'hui, écrivait-il, les *tenements* [immeubles insalubres] *sont* New York, hébergeant les trois-quarts de sa population.» Paru en 1890, *Comment vit l'autre moitié* révéla la misère de New York comme un phénomène contre lequel on pouvait et devait agir. Si l'écriture de Riis n'est pas dénuée de sentimentalisme et de jugement moralisateur, elle fut extrèmement efficace à son époque. Conjuguée à la puissance d'évocation des photographies, elle est dans une large mesure responsable des lois d'amélioration du logement et des conditions de travail passées à partir de 1890 qui éliminèrent peu à peu les aspects les plus choquants de la misère des taudis. Pages précédentes : un cordonnier dans un *tenement* de Broome Street et un garçon de douze ans (prétendant qu'il en a seize) dans un *sweatshop*. Ci-contre, une famille tchèque fabriquant des cigares à domicile.

Il n'y avait pas moyen qu'il se sentît chez lui dans «cette gigantesque ville en dents de scie» qui avait remplacé la mélodie de la haute bourgeoisie.

James n'était guère isolé. En 1905, le *New York Times* évoquait la possibilité d'un «péril de l'immigration» qui allait «bientôt empoisonner ou tout au moins polluer la source même de la vie et du progrès américains».

Ni Henry James ni le *New York Times* ne comprenaient la mélodie particulière de ces métèques, la force et la profonde ambiguïté de leur parler crépitant, tendre et cruel, d'un brio inouï auparavant. New York était la première métropole au

monde où la débrouillardise comptait presque autant que les bonnes manières, où l'énergie et la volonté de survivre bouleversaient des ordres sociaux entiers. C'était un endroit où des dynasties pouvaient apparaître sans passé connu et des fortunes s'accumuler dans quelque cave obscure. Un homme descendu de bateau à Ellis Island sans lacets ni la moindre bribe d'anglais en tête pouvait se transformer en savant ou en chevalier d'industrie... ou bien disparaître dans la poussière. New York était la ville des requins des affaires et des camelots, des riches et pauvres pirates.

Mais le bond en une seule génération de l'obscurité aux sommets ne fut pas sans prix. Il engendra une sorte d'agitation et de fébrilité permanentes, l'illusion de l'infini des possibles au sein de l'ordre établi. La distance entre le désir et son accomplissement, entre le rêve et la responsabilité, était investie d'une certaine cupidité, d'un besoin de dévorer, comme si la ville était tombée aux mains d'une bande d'enfants affamés...

Les «doughboys»

1914. New York était encore insulaire, obnubilée par ses propres affaires, à l'heure même où l'Europe partait en guerre, soldat contre soldat, dans un suicide collectif qui voyait des chevaux charger des tanks et des pilotes composer des duels aériens qui ressemblaient à un cirque volant. Les Etats-Unis se jetèrent néanmoins dans cette démence, «afin de rendre le monde sûr pour la démocratie», ainsi que le déclara Woodrow Wilson. New York redevint un camp militaire, comme aux jours de marasme des guerres révolutionnaires. Les troupes américaines embarquèrent de son port, en route pour la France. Ni les

Manhattan High and Low : un dîner sur la terrasse panoramique d'un hôtel de luxe, vers 1900 (à gauche), où l'«on vivait dans une atmosphère de subtils sous-entendus et de pâles délicatesses» (Edith Wharton). Mais il y avait aussi une autre New York, niveau rue, où toutes les pâles délicatesses disparaissaient. Deux mondes distincts que la guerre allait bientôt bouleverser. Pour financer l'envoi du corps expéditionnaire en Europe (2 millions de volontaires et 3 millions d'appelés), le gouvernement du président Wilson émit plusieurs emprunts : les *Liberty Bonds* (affiche ci-dessus). 50 000 soldats américains périrent en France.

Les couleurs de la guerre : un régiment noir descend la 5e Avenue pendant la Première Guerre mondiale (ci-dessus). Les officiers (sans fusils sur la photo) sont blancs. La ségrégation est toujours de mise dans l'armée.

Etats-Unis ni New York n'allaient plus jamais être les mêmes. Arrivés en terre d'Europe comme des pèlerins en haut chapeau à pointe, les Yankees éprouvèrent un véritable choc métabolique. Les vastes prairies d'Amérique étaient brusquement entrées en collision avec la «civilisation» – la violence lyrique et la culture du Vieux Monde. Pour le *doughboy* – le troufion américain – la «capitale du XIXe siècle» était le paradis. Il combattit au bois de Belleau ou dans l'Argonne, fut éventuellement gazé et, avec un peu de chance, put arpenter les rues de Paris comme Baudelaire, sans rien d'autre à faire que rêver. Il y eut une crise après la guerre. Le *doughboy* semblait ne pas vouloir rentrer chez lui. Paris fut submergé de fantomatiques soldats américains, ces nouveaux «flâneurs». Certains d'entre eux volaient pour gagner leur vie... d'autres écrivaient des romans. Ceux que Gertrude Stein appela «la génération perdue» habitaient

La prohibition ouvrit l'ère la plus «imbibée» de l'histoire de New York (ci-dessus, un *speakeasy*).

quelque interzone spectrale entre l'Ancien Monde et le Nouveau, sans appartenir ni à l'un ni à l'autre.

Et ceux qui rentrèrent chez eux ? Ils se retirèrent au cœur du pays, comme le Krebs de *Soldier's Home*, la nouvelle de Hemingway, qui n'arrive pas à trouver de rythme à sa vie et devient prisonnier de son silence. D'autres *doughboys* découvrirent le cœur de leur pays dans le tourbillon de plaisirs offert par New York. Alors que la France et l'Allemagne tombaient en ruine, Wall Street était devenu le centre bancaire du monde.

La construction d'un gratte-ciel au début du siècle : « Pour le reste du monde, les gratte-ciel de New York ont encore leur rêve et leur poésie. Ils continuent à intimider et à émerveiller en un perpétuel spectacle céleste », écrit Ada Louise Huxtable, critique d'architecture.

Scott Fitzgerald et les Années folles

Francis Scott Fitzgerald, un fils du Middle West, saisit dans *Gatsby le Magnifique* le ton survolté des années vingt. Gatsby, lui, était un obscur major américain

GEORGE A. FULLER COMPANY
BUILDING CONSTRUCTION
Space in this 20 Story Building
FOR RENT
MADISON AVE.
GEO. R. READ, AGT
60 CEDAR ST
FOR RENT

ayant passé quelques mois à Oxford après la guerre. Il était tombé amoureux d'une fille de très bonne famille de Louisville, trop riche pour devenir sa femme. Il atterrit à New York et rencontra Meyer Wolfsheim, portrait fictif par Fitzgerald d'Arnold Rothstein, le professionnel du jeu le plus réputé d'Amérique. Gatsby était «si fauché qu'il devait garder l'uniforme parce qu'il n'avait pas de quoi se payer des habits civils». Mais il brillait d'une élégance soigneusement cultivée. La prohibition fut bonne pour le prince miséreux qui, du jour au lendemain, se transforma en *bootlegger* millionnaire. New York

était devenue une ville de taxis couleur lavande aux soirs enchantés. Tout comme Jay Gatsby, elle avait su se réinventer. Et la fille qu'il aimait toujours, Daisy Buchanan, maintenant mariée, avait le son même de la métropole. «Sa voix est pleine d'argent», nous rappelle Gatsby. Il meurt pour Daisy qui disparaît dans le crépuscule.

“Dans sa progression vers la respectabilité, le mot «jazz» a tout d'abord signifié sexe, puis danse, puis musique. Il est associé à un état de stimulation nerveuse qui n'est pas sans rappeler celui des grandes villes derrière les lignes de front.”

F. Scott Fitzgerald (à gauche)

La Grande Dépression

1929. La bulle dorée de New York est en passe de crever. La Bourse s'effondre et l'Amérique s'abîme dans la dépression. New York la parvenue se retrouve en guenilles. Les taxis lavande ont tous disparu. Bientôt, on voit des agglomérations de tentes pousser à travers Manhattan. Les gratte-ciel se dressent comme des coquilles à moitié vides. Un tiers des industries manufacturières de New York, petites et grandes, vont péricliter. Près de la moitié de sa main-d'œuvre ne peut pas trouver de travail. Pourtant, la ville semble être plus calme, comme dégrisée de sa cupidité frénétique par la perte de tout cet argent.

Ce fut pendant la Grande Dépression, alors que la plupart des écrivains étaient au chômage, que le Federal Writers' Project – un des «grands travaux» nationaux prépara le *New York Panorama*, le guide le plus extraordinaire sur la métropole. John Cheever et Richard Wright, qui furent parmi les auteurs non crédités de l'ouvrage, auraient probablement crevé la faim sans le Federal Writers' Project. Le guide célébrait le plus grand écrivain d'Amérique, Herman Melville, originaire de Manhattan, mort dans l'oubli le plus complet en 1891. Il avait fallu un siècle de métèques et d'immigration en masse pour ressusciter Melville et *Moby Dick*, ce Léviathan absolu, aussi monstrueux que la ville elle-même.

New York, capitale du xxe siècle

1939. L'Europe s'enfonce dans le rêve obscur d'une autre guerre. Adolf Hitler, artiste raté reconverti en agitateur,

Avec la dépression, la ville changea brutalement de physionomie : «Voilà les visages des enfants de la cité : patients et furieux, déments ou indestructiblement calmes ; implacables, vaniteux, distraits, joyeux, obstinés ou perdus ; désabusés et solitaires ou ennoblis par une infinie sollicitude pratique pour leur prochain. La ville est à la fois pour eux compagne et mère, maîtresse d'école et bourreau» (*New York Panorama*). Ci-dessous, South Street, New York, photographiée par Walker Evans en 1932.

Des soldats de diverses nationalités se promènent sur la 5e Avenue un dimanche pendant la Seconde Guerre mondiale.

conçoit une planète sans Juifs, sans Tziganes, sans Noirs, sans handicapés – un monde blanc aux yeux bleus qui dominerait l'Europe pour les siècles à venir. Hitler était le pire gnome jamais produit par le Vieux Monde, un magicien médiéval muni d'un arsenal d'armes futuristes... panoplie de fusées et radars. Il créa un ouragan de réfugiés : artistes, écrivains, intellectuels fuyant l'Allemagne puis la France. Nombre de ces réfugiés – Max Ernst et Hannah Arendt, Salvador Dali et Vladimir Nabokov, entre autres – débarquèrent à New York. Le mouvement surréaliste tout entier sembla s'être donné rendez-vous à Manhattan pendant la Seconde Guerre mondiale.

La guerre sortit l'Amérique et New York de la dépression. New York était à nouveau en plein essor, une ville pionnière aux avant-postes de l'esprit et de l'imagination. Tandis que Paris dérivait dans l'irréel sous l'occupation nazie, New York devint la capitale du XXe siècle, une ville qui pouvait à la fois entretenir la vieille culture européenne et en créer une autre, bien plus extravagante, de son cru.

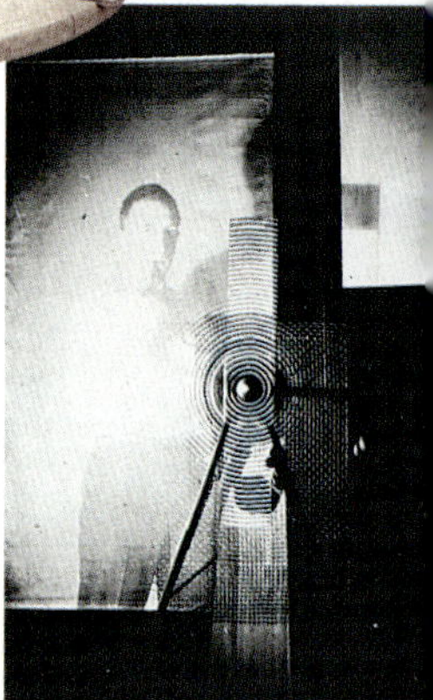

« Marcel [Duchamp, ci-dessus] était un homme mystérieux. Il n'avait rien peint depuis 1911, l'époque du *Nu descendant un escalier* qui l'avait rendu célèbre. Maintenant il jouait seulement aux échecs. »

Peggy Guggenheim
(en haut à droite)

Le royaume magique

L'art avait traversé l'Atlantique. L'école de New York, regroupant les jeunes «fauves» de l'expressionnisme abstrait – Arshile Gorky, Willem De Kooning, Mark Rothko, Jackson Pollock –, supplanta totalement Paris. Un nouveau langage pictural était né, un langage aussi vibrant que le vacarme effronté et discordant de New York : «Des masses qui tachent et fusent au lieu de formes demeurant distinctes ; des rythmes amples, voyants ; une couleur brisée ; des saturations et densités de peinture irrégulières ; une débauche de marques de pinceau, de couteau, de doigt ou de chiffon», comme le décrit le critique Clement Greenberg. La géométrie provocante du cubisme avait explosé en une géométrie du chaos. «Le gouvernement ne peut pas créer la civilisation, écrit l'historien Arthur Schlesinger, Jr.; son action peut, tout au plus, être marginale par rapport à l'aventure et au mystère de l'art.» Mais les villes peuvent

Ci-dessous, *Pastorale* de Gorky, qu'il réalisa un an avant de se donner la mort. «Le poil du pinceau de l'artiste est fait de ses rêves», avait-il écrit en 1942.

partager ce mystère et devenir partie prenante de l'aventure. Elles peuvent tisser leur propre toile narrative, repousser leurs limites, comme tout explorateur. Pendant au moins un quart de siècle, de la Seconde Guerre mondiale presque jusqu'à la fin des années soixante, New York fut une sorte de royaume magique, à distance du reste de l'Amérique, un royaume des arts où l'argent ne comptait pas vraiment. Les appartements étaient bon marché. On pouvait vivre dans un taudis sans se sentir lésé. De jeunes acteurs, peintres, musiciens, photographes, écrivains, danseurs, confluaient de toutes les provinces pour se soumettre à une discipline fanatique et apprendre les bases de leur art. Ce fut une époque de grands professeurs – Lee Strasberg et l'Actors Studio, Stella Adler et son conservatoire, George Balanchine et la School of American Ballet. «Votre talent, c'est votre imagination, répétait Stella Adler aux jeunes acteurs ; le reste n'est que foutaise.»

Les peintres de la New York School avaient leur propre grande prêtresse en la personne de Peggy Guggenheim qui, en 1942, commença à exposer leur travail dans sa galerie de Manhattan, «Art of This Century». Elle était mariée à Max Ernst. La galerie

«Le seul optimisme de sa peinture enfumée, turbulente, vient de la foi manifeste qu'il possède en l'efficacité, pour lui-même, personnellement, de l'art», disait le critique Clement Greenberg de Jackson Pollock (ci-dessus dans son atelier).

Guggenheim fut le seul public de Rothko et de Pollock pendant les années de guerre, aidant des artistes au bord de la misère à survivre. Pollock n'obtint jamais plus de quelques milliers de dollars pour une de ses toiles et mourut dans un accident de voiture en 1956, à quarante-quatre ans, complètement épuisé. Arshile Gorky mourut également à quarante-quatre ans. Né Wostanig Manoug Adoyan en 1904 dans un tout petit village d'Arménie turque, il décida de fuir le «climat de terreur» et la misère dans lesquels il avait grandi. Il arriva en Amérique en 1920 et emménagea à New York en 1925, où il prit le nom d'Arshile Gorky :

"Toute forme ou surface dénuée de la pulsation concrète de la chair et du sang, de sa vulnérabilité au plaisir et à la douleur, n'est rien du tout."
Mark Rothko

Arshile étant l'équivalent russe d'Achille et Gorky («amer» en russe) étant déjà le pseudonyme de son auteur préféré, Maxime Gorki. Il connut son propre destin amer à New York, qui le voyait souvent si pauvre qu'il n'avait pas de quoi s'acheter de couleurs.

George Balanchine (ci-contre) aimait appeler ses danseurs des anges. Ses ballets sont des systèmes parfaits où la musique et la ligne physique du danseur semblent se fondre en une énergie perpétuelle dans un monde sans pesanteur.

Il n'eut pas de «one man show» avant 1945. Sa vie commença à se déliter en 1946, lorsqu'un incendie dans son atelier du Connecticut détruisit une grande partie de son œuvre. En février 1948, Gorky se cassa le cou dans un accident de voiture. Après des mois d'hôpital, il découvrit que son bras droit – «son bras de peintre» – était inerte. Tel un Achille en furie, il se mit à dessiner de la main gauche... Comme Pollock et Rothko, c'était un visionnaire qui produisit un univers de peinture chatoyant, obsédant, où l'art semble l'emporter sur les comptes cruels d'une vie. Il y a dans son travail un rythme, une folie contrôlée, qui ressemblent au choc même de la douleur.

> “C'est trop dur de se sentir concerné [...]. Je ne veux pas être impliqué dans la vie des autres [...]. Dans les années soixante, je pense, les gens ont oublié ce que les émotions sont censées être.”
>
> Andy Warhol

Andy et le business de l'art

Dans le courant des années soixante arriva Andy Warhol, enfant de la Grande Crise, si timide qu'il parlait en chuchotant, une main devant la bouche. Il avait eu trois dépressions nerveuses avant onze ans. Une maladie enfantine l'avait défiguré : il avait perdu tous ses cheveux et sa peau avait viré au blanc albinos. Andrew Warhola était né vers 1927 près de Pittsburgh, de parents immigrés tchèques. Son père travaillait dans les mines de charbon. Sa mère lui lisait des bandes dessinées tous les soirs. Il était nourri de Dick Tracy. Agé d'une vingtaine d'années, il partit pour New York, sans avoir entendu parler de Gorky ni de Pollock, et se mit à dessiner des chaussures pour la publicité et composer des vitrines de magasins ; en 1961, il décora

les prestigieuses vitrines du grand magasin Lord & Taylor's de portraits agrandis de Dick Tracy et d'autres personnages de bandes dessinées. Il était doué d'une verve, d'un sens ludique et parodique annonciateurs d'un nouveau climat culturel. L'artiste-moine était sorti de son placard et voulait devenir entrepreneur, comme tout le monde. Ce petit homme timide en perruque argentée, lunettes noires, et au visage poudré de blanc se révéla être un as de l'auto-promotion. Il entra délibérément en transe avec l'artificialité ambiante. Tout le monde s'était mis à porter des masques, et Warhol était l'homme masqué par excellence. Il semblait à moitié mort. C'était le prince du néant. Tandis que Warhol peignait ses boîtes de soupe, ses bouteilles de Coca, sa vache de Borden, l'Amérique subissait la blessure du Viêt-nam, les morts de Kennedy, Marilyn Monroe et Martin Luther King. Avec ses duplicata de Marilyn,

Le «bureau» de Warhol, connu sous le nom de Factory (ci-dessus), était presque aussi célèbre qu'Andy lui-même. C'était un studio de cinéma, un atelier de peinture, et un point de ralliement pour des «superstars» comme Viva, Ultra Violet, Candy Darling et le Velvet Underground. «Je dirais que les gens qui entouraient Andy étaient simplement très perdus. Ils étaient sans ancrage, n'avaient nulle part où aller. Ils firent presque de la Factory d'Andy leur maison, leur chez eux», rappelle Jonas Mekas, cinéaste et «ancien» de la Factory.

Ci-contre, Edie Sedgwick et Chuck Klein en 1965. Au centre, Andy Warhol, prince du néant, qui affirmait : «Le rien est excitant, le rien est sexy, le rien n'est pas embarrassant».

ses images fantomatiques et son sens puissant de l'amnésie, Warhol apaisa l'Amérique. Son *Quinze chaises électriques flottant dans un vide bleu argent* anesthésiait la fonction même de la chaise électrique. Tout cela, selon le critique Jack Kroll, faisait partie de la «catatonie créative» de Warhol – ce besoin de se mettre à distance et de nous hypnotiser jusqu'à l'oubli. «Je veux être une machine», déclarait Warhol à propos de lui-même et d'une culture moderne dont le dessein secret semble être la déshumanisation. Le champ de mines et modèle *in vivo* de cette

«Ce qui impressionnait Warhol à cette époque ?», se souvient Pat Hackett, l'une de ses plus proches confidentes, «la célébrité – établie, nouvelle, passée. La beauté. Le talent classique. Le talent novateur. N'importe qui faisant n'importe quoi le premier. Un certain culot absolu. La facilité de parole. L'argent – surtout les fortunes colossales associées aux grands noms de l'Amérique.»

déshumanisation était Manhattan, où Warhol prospérait. Son atelier, la Factory (l'Usine), était devenu le point de convergence de tout ce que Manhattan comptait de *beautiful people* – ces garçons et filles superbes et libres. Warhol les remodelait en mannequins animés qu'il mettait en scène dans sa vitrine vivante.

Warhol adorait jouer avec l'iconographie de

La célébrité obsédait Warhol. «A l'avenir, disait-il, tout le monde sera célèbre pendant quinze minutes.»

Manhattan. Les huit heures que dure son film *Empire* sont un impitoyable coup d'œil de voyeur à l'Empire State Building à travers l'objectif d'une caméra immobile. Comme s'il scrutait l'intérieur d'un vide lyrique. Il n'y avait chez lui pas l'ombre du moindre sentimentalisme. Il mettait à nu la ruine inexorable, magique, du Nouveau Monde.

Ses portraits pops – de Liz Taylor (ci-dessus), Elvis, Marilyn, Brando, etc. – sont autant de méditations hypnotiques sur la fascination même.

Warhol aux yeux roses, qui apparaissait comme un pâle monstre de Frankenstein, s'était façonné lui-même de la pierre et de la boue de Manhattan. Andy. Il était son époque même. Il découvrit que la culture pouvait être achetée et vendue comme la terre – Manhattan était cette usine sans fin où l'art comme la vie étaient le sel du business.

Le 14 février 1987 (jour de la Saint-Valentin) :«Un jour maigre. Suis allé faire des courses, du shopping, suis revenu à la maison, ai parlé au téléphone... Ouais, c'est tout. Vraiment. C'était un jour maigre» (*Journal* d'Andy Warhol).

« Tout au long et de part et d'autre de Lenox Avenue et des 7e et 8e Avenues, Harlem avait un air de bazar en Technicolor. Des centaines de soldats et de marins noirs, jeunes et en baguenaude comme moi, déambulaient… En une nuit, New York – Harlem – m'avait comme enivré. »

Malcolm X

CHAPITRE III
L'AUTRE NEW YORK : HARLEM

Harlem de la séduction : trois élégantes en promenade sur la 7e Avenue vers 1927. La séduction était aussi au rendez-vous dans la voix d'Ella Fitzgerald, annoncée en vedette d'un *stage show* associé à la sortie des *Hauts de Hurlevent* en 1939. Ce type de «combiné» film-concert était une attraction majeure des grands cinémas new-yorkais.

Mean Streets

En décembre 1992, quelques jours avant Noël, parut dans le *New York Times* un article troublant sur un certain Eddie Ellis, «pénaliste de la rue», qui venait de passer vingt-trois ans de sa vie en prison. On sait que plus de 85 % de tous les prisonniers de l'Etat de New York sont noirs ou hispaniques, mais ce qu'Eddie Ellis révéla pour la première fois, c'était que 75 % d'entre eux venaient de seulement sept quartiers (*neighborhoods*) sur la centaine et plus que compte New York City : Harlem et le Lower East Side (Manhattan), South Bronx et South Jamaica (Queens), East New York, Brownsville et Bedford Stuyvesant (Brooklyn). Aucun policier ou expert en criminologie n'avait pris la peine de remarquer que «trois prisonniers sur quatre sont nés, ont commis leur agression et finalement retournent dans sept quartiers», et que ces quartiers, tout comme les prisons, sont des tourniquets du crime.

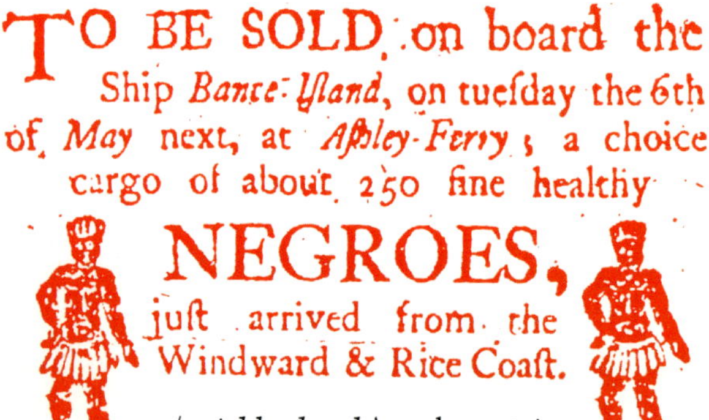

Ellis était originaire de Harlem, et il s'en retourna aux rues mal famées de Harlem où il instruisit les adolescents noirs sur la manière d'arracher ces tourniquets de leurs gonds. Le jour de sa sortie de prison, il traversa une salle remplie de prisonniers, «tous impeccablement menottés, entravés, et assis sur deux longues rangées de bancs, aussi ordonnés et abattus... qu'une relève de galériens sur un navire». Ils étaient en partance pour nulle part, embarqués dans un voyage vers le néant, comme ces esclaves qu'on avait amenés en Amérique...

Les Noirs étaient les seuls «immigrants» sans aucun avenir au Nouveau Monde.

New York, côté noir : la naissance d'une communauté

L'esclavage à New York remonte aussi loin que la fondation de New Amsterdam. La Compagnie hollandaise des Indes occidentales importa onze Noirs en 1626 pour participer à la construction de son comptoir à l'embouchure de l'Hudson. Une autre cargaison de Noirs arriva vingt ans plus tard du Brésil.

Les Hollandais ne savaient pas vraiment quoi faire de leurs esclaves. Ils les traitaient souvent cruellement mais en affranchirent aussi un bon nombre et leur permirent de s'asseoir au côté des Blancs dans les mêmes tribunaux.

Harlem 1994 : la continuation d'un destin brisé, où visages et immeubles apparaissent et disparaissent en laissant bien peu de traces. «Dans chaque ghetto de grande ville, des dizaines de milliers de ceux qui, hier ou aujourd'hui, ont abandonné l'école, en sont réduits à subsister grâce à une forme ou une autre de délinquance comme je l'ai fait moi-même», écrivait Malcolm X en 1965.

Les Noirs avaient également le droit de se marier, de posséder des biens et de voyager à l'intérieur des frontières de la colonie. Ils étaient pour les Hollandais comme d'étranges enfants semi-humains, tolérés jusqu'à un certain point. Cette ambiguïté fut levée en 1664, lorsque les Anglais prirent possession de New Amsterdam. Les Noirs perdirent alors la plupart de leurs droits. Ils n'étaient rien d'autre que des valeurs mobilières aux yeux des pragmatiques Anglais qui découvraient les énormes profits qu'ils pouvaient tirer du commerce des esclaves.

Un marché aux esclaves fut ouvert en 1711 et bientôt, un cinquième de la population de New York fut noire ; mais c'était une population de l'ombre, un peuple d'hommes et de femmes quasi «invisibles», qui travaillaient et mouraient seuls. En 1741, un petit groupe de Noirs et de Blancs désargentés tentèrent de s'emparer de la ville. Ce fut un acte piteux, don quichottesque, mais une peur hystérique se répandit parmi la population blanche qui se déchaîna dans une série de chasses à l'homme et d'autodafés. Quatorze Noirs furent brûlés vifs ; dix-huit furent pendus ; soixante et onze furent exilés aux Caraïbes. Toutefois, après l'«insurrection» de 1741, de plus en plus de Noirs commencèrent à gagner leur liberté. La révolution leur compliqua la vie. Des Noirs combattirent contre des Noirs, certains servant dans l'armée britannique, d'autres dans l'armée américaine. Une bonne partie des Noirs loyaux aux Anglais durent quitter le pays après la guerre.

Le XIXe siècle vit un nombre sans cesse croissant d'esclaves fugitifs se joindre à la population de New York. Pour apaiser les propriétaires du Sud en colère, le Congrès vota en 1850 un nouveau *Fugitive Slave Act* : les fugitifs arrêtés étaient immédiatement restitués à leur maître sur simple décision d'un commissaire local. Dès lors, les esclaves qui avaient tant bien que mal réussi

à refaire leur vie à New York se retrouvaient en territoire ennemi. Entre les chasseurs de prime et la police, leur avenir était bien compromis. L'une des premières victimes de la nouvelle loi fut un employé new-yorkais nommé James Hamlet qui fut arrêté et renvoyé dans le Maryland. Indignée, la communauté noire de New York s'organisa rapidement et racheta Hamlet à ses propriétaires du Sud.

Libres et errants

En 1799, l'Etat de New York institua une loi conçue pour abolir progressivement l'esclavage dans tous ses comtés. Le dernier esclave de New York fut affranchi

le 4 juillet 1827. Il y avait bien sûr quelques «aristocrates» noirs aux noms hollandais ou anglais ; mais la grande majorité des esclaves émancipés était pauvre et le resta. Ils vivaient aux côtés des Irlandais, parce que personne d'autre ne voulait d'eux. Ils avaient leur petite colonie, près de Greenwich Village, appelée «Little Africa». Les Noirs étaient devenus un loup-garou de plus, un danger pour la stabilité de New York. Les Blancs les transbahutaient d'un quartier à l'autre. Comme l'a résumé l'auteur Jervis Anderson, ils n'étaient «pas tant en mouvement qu'en fuite». Puis il se passa une chose étrange en 1900, lorsque la municipalité annonça qu'un métro souterrain serait construit le long de Lenox

Pendant deux cents ans après sa fondation, Harlem demeura le charmant village assoupi représenté ci-dessus en 1765. Sa population descendait de pionniers hollandais, français et anglais. Au XIXe siècle, tandis que les Noirs s'installaient à travers Manhattan, là où on voulait bien leur louer, Harlem devint un lieu de villégiature pour des New-Yorkais aisés qui y bâtirent de splendides résidences.

Pour échapper à leur pauvreté, les Noirs furent parmi les premiers à accepter la prime d'enrôlement offerte par le gouvernement fédéral et l'Etat de New York, et à rejoindre l'armée de l'Union au début de la guerre de Sécession. Au centre, un groupe de ces volontaires en route pour le bureau de recrutement.

Avenue, reliant la partie inférieure de Manhattan avec le quartier résidentiel de Harlem. Une fièvre de construction se déclara, les promoteurs bâtissant de luxueux immeubles de rapport en prévision de la ligne de métro de Harlem et de tous les locataires qu'elle amènerait. Or une énorme récession économique déboula avec le métro. Harlem était sur-construit et se transforma rapidement en ville-fantôme chic. Les promoteurs furent pris de panique... et commencèrent à louer aux Noirs, à des tarifs plus élevés que ce que des familles blanches auraient jamais accepté de payer. C'est ainsi que Harlem devint la «ville sombre» de Manhattan, presque par accident et au gré des caprices d'une ligne de métro. L'apparition des Noirs, d'un pâté d'immeubles à l'autre, déclencha une véritable débandade blanche hors de Harlem...

Fin XIXe siècle, les taudis des rues Thompson et Sullivan, surnommés «Africa», où Noirs et Blancs se rejoignaient dans une abjecte pauvreté. Reporter de la misère de son époque, Jacob Riis s'élève contre la «turpitude morale» à laquelle sont abandonnés ces New-Yorkais indigents. Ci-dessous, sa photographie d'un bouge *Black-and-Tan* (à la clientèle racialement mélangée), «le pire parmi les plus désespérément viciés».

Harlem du bout du monde

Harlem avait toujours été hanté, semble-t-il. Le village fut fondé par Peter Stuyvesant, dernier gouverneur général de La Nouvelle-Hollande, un petit homme irascible et despotique, qui avait perdu une jambe au cours d'une campagne militaire au Curaçao. Ce fut Stuyvesant qui se rendit aux Britanniques en 1664, après que son propre peuple eut refusé de se battre; et ce fut ce même Stuyvesant qui s'en prit aux Juifs et aux Noirs de sa propre colonie et décida de construire un dispositif défensif contre les Algonquins, les Anglais et autres ennemis des Hollandais, réels ou imaginaires. Il défricha une forêt vallonnée et humide près du site actuel de la 125e Rue Est, et y bâtit, en 1658, un village fortifié qu'il baptisa New Harlem. Niché bien loin à

Harlem 1900, une banlieue 100 % blanche de Manhattan : «Les personnes attirées par ce "paradis résidentiel" étaient à l'évidence des New-Yorkais relativement âgés et fortunés», écrit l'historien Gilbert Osovsky. Ci-dessus, l'une des femmes «de goût et de biens» de cette société qui possédait son yacht club, sa revue littéraire, sa philharmonie et son bureau féminin des Fidèles de la liberté américaine.

l'extrémité du monde, le petit avant-poste de Stuyvesant contre les Indiens n'en commença pas moins à voir arriver quelques téméraires Hollandais, Français huguenots, Danois et Suédois qui y établirent leurs fermes ou leurs propriétés campagnardes. Le fantôme de Stuyvesant fut aperçu plusieurs fois après sa mort, en 1672, en homme solitaire, exilé de lui-même. Mais il fallait plus qu'un fantôme pour faire fuir les paysans. Harlem se transforma en une banlieue opulente de Manhattan après la guerre de Sécession. Les promoteurs se mirent à spéculer, bâtissant leur eldorado d'immeubles de luxe.

L'effondrement d'un "paradis résidentiel" : l'extension du métro vers le Nord, en 1901, le long de Lenox Avenue (en bas à droite), déclencha le premier afflux de Noirs à Harlem. Malgré les protestations des riverains, les promoteurs blancs, confrontés à une récession économique, continuèrent de louer à des gens de couleur. L'agence immobilière noire Nail & Parker leur emboîta le pas, négociant habilement par lots d'immeubles. Elle vendit des *blocks* entiers à des églises noires du sud de Manhattan qui vinrent s'installer avec tous leurs paroissiens. Les derniers îlots ruraux de Harlem, comme la laiterie municipale (ci-dessus), sur la 116e Rue, allaient bientôt disparaître sous l'inexorable poussée de la ville vers le nord.

Puis les Noirs s'installèrent et l'eldorado s'effondra. Comment ces spéculateurs pouvaient-ils deviner que leurs immeubles, leur rêve bourgeois allaient se métamorphoser en cette cité nocturne mythique de l'Amérique – Harlem la Noire – avec son aristocratie, ses écrivains et ses musiciens de jazz, ses agitateurs politiques, ses *rent parties*, ses millionnaires, ses prostituées, ses danseurs de bastringue, ses trafiquants d'alcool et ses équipes de base-ball – constituant comme un miroir affolant de l'Amérique blanche, et bien plus que cela encore, une ville dans la ville, comme l'Amérique n'en avait jamais vue.

La métropole noire

Cela commença très lentement. En 1900, les Noirs totalisaient moins de 2 % de la population de la ville. Mais un gigantesque exode de Noirs du Sud et des

Ci-contre, le retour du guerrier en 1919. Les Harlem Hell Fighters, le premier régiment noir de New York, connut une gloire qui dépassa les confins de Harlem. En novembre 1917, ces «chevaliers de l'enfer» appareillèrent pour la France et furent affectés à la 161e division de l'armée française. «Je me demande bien ce que vont penser les Allemands s'ils capturent l'un de nos gars et s'aperçoivent qu'il ne parle pas français et vient de Harlem», écrivait l'un des officiers français du régiment. Plus de 150 Hell Fighters reçurent la croix de guerre pour leur bravoure durant la bataille de l'Argonne.

Caraïbes commença pendant la Première Guerre mondiale. Harlem se transforma bientôt en terminus d'immigration et terre promise pour les Noirs du monde entier. Le peuplement noir de Harlem fut favorisé par un choc en retour du racisme. Les propriétaires blancs refusant de louer leurs appartements aux Afro-Américains au-delà des limites de Harlem, les Noirs étaient mis au ban du reste de Manhattan. Ils semblaient avoir disparu de la ville. On ne pouvait plus trouver un seul Noir à Central Park au sud de la 96e Rue (correspondant au tiers supérieur du parc). Tout Noir qui s'aventurait au-delà de ce point était arrêté par la police et «encouragé» à rentrer chez lui

La population noire de Harlem doubla et tripla jusqu'à atteindre un quart de

million d'habitants en 1930, dont la majorité était indigente. Harlem regroupait la population la plus dense de New York City; plus de trois mille cinq cents hommes, femmes et enfants pouvaient vivre dans un pâté d'immeubles infesté de maladies. Pas une seule école ne fut construite à Harlem entre la Première Guerre mondiale et 1937. Les Noirs étaient devenus un peuple oublié...

Le terrain de jeu de l'Amérique blanche

Mais il se produisit soudain un phénomène singulier. Contraints à vivre entre eux, les Noirs développèrent leur propre style, leur propre musique, leur propre langage codé, leur propre sens de la mode. Harlem commença à «balancer», particulièrement pendant la Prohibition (1919-1933). La ville noire était devenu le terrain de jeu de l'Amérique blanche. Nombre de ses cabarets étaient ouverts exclusivement aux Blancs. Les dancings comme le Savoy pratiquaient une démocratie sommaire où Noirs et Blancs dansaient chacun de leur côté. Des milliers de Blancs affluaient à Harlem à la nuit tombée, en quête de «jazz *hot* et barbare» et de «danse de sauvages» – tout ce que l'Amérique protestante considérait comme primitif et prohibé. La *rent party* était l'un des phénomènes remarquables du Harlem des années vingt. C'était un «spectacle maison», souvent donné le samedi soir, que quiconque pouvait monter dans son appartement pour aider à payer son loyer. Il suffisait d'un *tickler* (un «chatouilleur», c'est-à-dire un pianiste *hot*) et d'une ou deux filles. L'entrée était fixée à 1 dollar... ou à 10 cents. C'est au cours de ces *jumps* et *shouts* («sauteries») que les meilleurs pianistes de Harlem – Fats Waller, Eubie Blake, Willie «The Lion» Smith,

Personnalité-phare de la Renaissance de Harlem, l'anthropologue et écrivain Zora Neale Hurston (à droite) a bâti une œuvre littéraire pénétrée de la culture afro-américaine du Sud.

Duke Ellington... – se firent une réputation.

Ce fut aussi l'époque de la «renaissance littéraire» de Harlem, où poètes et romanciers – Countee Cullen, Claude McKay, Langston Hughes, Jean Toomer, Rudolph Fisher et Zora Neale Hurston – firent irruption dans le champ de la sensibilité américaine et donnèrent à entendre une voix heurtée, amère, qui obligeait les lecteurs blancs et noirs à affronter la douleur et la plainte d'une culture qui avait trouvé son cri propre. «Nous savons que nous sommes beaux», écrivait Langston Hughes dans le magazine *The Nation* en 1926, «et laids aussi. Le tam-tam pleure et le tam-tam rit». Etre un écrivain noir, «c'était être un fils littéraire de Dieu», déclara un autre membre de la renaissance de Harlem. Mais cela ne dura pas. Ces fils et filles de Dieu tombèrent en disgrâce pendant la Dépression. Les Noirs n'apparaissaient plus exotiques à une nation qui ne s'inquiétait désormais que de trouver une miche de pain. Tandis que l'Amérique se repliait sur elle-même, Harlem subit son propre déclin. La capitale du monde noir avait un taux de chômage cinq fois plus élevé que le reste de la ville. Les *rent parties* commencèrent à avoir une résonance hystérique. Le Cotton Club quitta Harlem en 1936...

La plus célèbre revue de music-hall de Harlem, le Cotton Club Parade, présentait des stars comme Josephine Baker, Bill «Bojangles» Robinson et la chanteuse Lena Horne, attirant un public – blanc – du monde entier. Robinson, le roi des claquettes, fit aussi tandem avec Shirley Temple au cinéma. Lena Horne (en bas à gauche) se rappelle que les revues «cultivaient un primitivisme nu qui était censé désinhiber un public civilisé».

«Homeboys» sur fond blanc

Le quartier perdit de son lustre. Il avait tout de même son héros, son *homeboy* (gosse du pays) adoptif, le boxeur Joe Louis, champion du monde des poids lourds. Le «Brown Bomber» était né dans

l'Alabama et avait vécu à Detroit, mais l'hôtel Theresa à Harlem était devenu son quartier général. Lorsque le 22 juin 1938, au Yankee Stadium, il mit KO le boxeur favori de Hitler, Max Schmeling, il parut aussi blanc que George Washington. Il ne l'était pas : c'était un Noir dans l'Amérique blanche. Incorporé dans l'armée en 1942, il arriva à Camp Upton dans sa limousine avec chauffeur et découvrit une réalité bien plus crue. «Ils me donnèrent mon uniforme et m'envoyèrent du côté des gens de couleur.» Louis devrait vivre et mourir parmi les soldats noirs.

Ce fut la terrible humiliation de ce racisme institutionnel qui contribua à déclencher les émeutes de Harlem du 1er août 1943. Des soldats noirs avaient été battus à mort dans le Sud, et lorsqu'un policier blanc abattit un autre soldat noir à sa sortie du hall de l'hôtel Braddock, sur la 126e Rue, Harlem explosa, éventra ses rues, brisant les vitrines, dévalisant les magasins. Des centaines de personnes furent

«Joe, nous comptons sur ces muscles-là pour l'Amérique», avait dit Roosevelt au «Brown Bomber» avant son combat contre Max Schmeling, boxeur de l'Allemagne nazie.

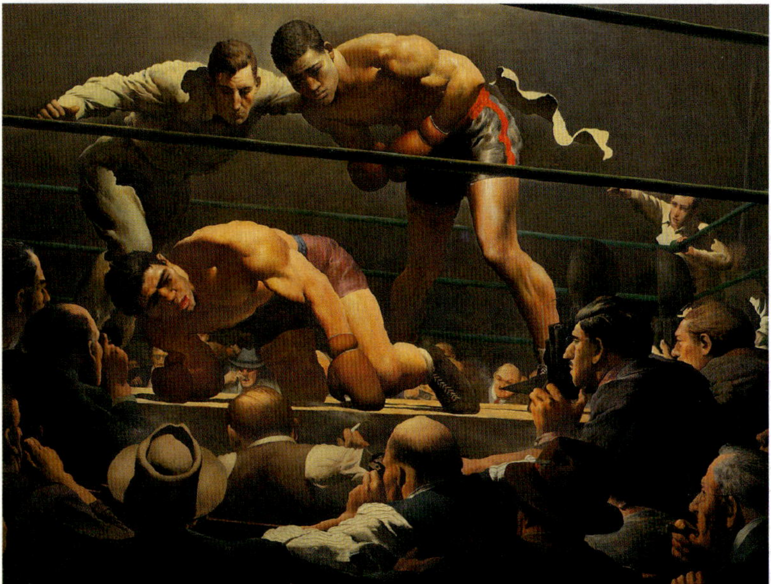

arrêtées, y compris de jeunes Noirs en smoking et haut-de-forme volés...

Harlem se sortit de la Grande Dépression. Mais son tissu social était déchiré. Les Noirs plus aisés commencèrent à fuir le ghetto après la Seconde Guerre mondiale. Le pays décida d'abolir la ségrégation, petit à petit. Sugar Hill, le long de la partie supérieure d'Edgecombe Avenue, avait hébergé Langston Hughes, Duke Ellington, l'acteur Canada Lee, le chanteur Paul Robeson... et des truands prospères qui pouvaient maintenant déménager au centre de Manhattan s'ils le souhaitaient.

Harlem possédait encore les Polo Grounds, où jouait l'équipe de base-ball des New York Giants. Le base-ball officiel demeura un jeu de Blancs jusqu'en 1947, mais les Giants étaient malgré tout l'équipe de Harlem, et les Noirs allaient aux Polo Grounds assister aux matchs de ces hommes blancs.

Malcolm X et la lutte pour une identité noire

Harlem continua à se détériorer. Le témoin le plus éloquent de son déclin fut Malcolm X. Né à Omaha en 1925, Malcolm Little fit sa première visite à Harlem en 1941. Jeune cambrioleur en *zoot-suit*, il comprit vite que «tout dans le monde est une arnaque»; et Harlem, la plus grosse de toutes les arnaques, «un monde souterrain noir-blanc».

«Ça alors ! C'est les mille et une nuits !» s'exclama Duke Ellington (ci-dessous) débarquant à Harlem au début des années vingt. C'est un autre Harlem, exaspéré, poignant, que révélèrent les émeutes raciales de 1943 (au centre), «une masse noire en mouvement par une nuit noire, un fleuve noir déchirant une terre noire» (Ralph Ellison, *L'Homme invisible*).

Pendant la guerre, Malcolm fut rabatteur. Il ramassait des clients blancs à l'extérieur de l'hôtel Astor sur la 45e Rue et les amenait dans un bordel de Harlem. «Tout ce qu'ils pouvaient nommer, tout ce qu'ils pouvaient imaginer, tout ce qu'ils pouvaient décrire, ils pouvaient le faire, ou se le faire faire, à condition de payer.» Malcolm, *alias* le Grand Rouge, sentait bien son ambiguïté personnelle dans son rôle de clown monté en graine au service des Blancs.

Puis il se perdit dans la criminalité. Malcolm Little alla en prison en 1946 ; celui qui en ressortit sept ans plus tard était Malcolm X, Black Muslim. «Le "X" muslim symbolisait le vrai nom africain», à jamais inconnu aux descendants d'un esclave. Il regagna Harlem et se retrouva à la tête de la mosquée n° 7, une petite échoppe assoupie que Malcolm, en

brillant orateur, se mit à réveiller ainsi que tout Harlem. L'Amérique blanche ne voulut d'abord rien savoir de Malcolm, puis elle eut peur de lui. Il parlait des «diables aux yeux bleus» qui demeuraient les esclavagistes de Harlem. «Nous n'avons pas débarqué à Plymouth Rock [avec les colons blancs], c'est Plymouth Rock qui nous a débarqué dessus.» Si Harlem était devenu cet endroit disloqué, c'était parce que le quartier était toujours en état de siège. Il n'y avait pas seulement l'insultante économie

Deux héros d'un rêve américain perverti : Jackie Robinson (à gauche) fut le premier athlète noir à briser la «barrière de couleur» en 1947, en intégrant une équipe de base-ball new-yorkaise de première catégorie. Mais il en paya le prix : il souffrit toute sa vie de cauchemars «traumatiques» liés à ses premiers contacts avec des joueurs et des supporters hostiles. Malcolm X (ci-dessus), lui, ne voyait d'autre réponse au racisme institutionnel de l'Amérique que dans une condamnation absolue de l'homme blanc. «Dans la conversation ordinaire, il était calme, agréable, montrait de l'éloquence, voire de l'humour. [...] Sur une estrade publique, il émanait de lui une froide furie ; derrière des lunettes cerclées de corne, on voyait ses yeux brûler», écrivit le *New York Times*. Ci-contre, un Black Muslim en territoire blanc.

d'une ville noire dont la plupart des magasins, bars et immeubles étaient possédés par des Blancs. Harlem avait sa malédiction spécifique : ses Noirs, hommes et femmes, se remodelaient consciemment ou inconsciemment en créatures mi-blanches, mi-noires dans une sorte de pays des ombres. Contrairement à Martin Luther King, Malcolm méprisait l'idée d'intégration. L'Amérique était, et avait toujours été, une société raciste. Et le racisme attaché à Harlem était bien pire que celui du Sud, parce qu'il créait l'illusion du changement, et seulement l'illusion. Le mouvement des droits civiques tout entier était aux yeux de Malcolm une sorte de fable anesthésiante. Il se moquait de ces Freedom Riders, noirs et blancs, qui allaient dans le Sud manifester contre la ségrégation. Alors que leurs ghettos du Nord «avaient assez de rats et de cafards à tuer pour donner du travail à tous les Freedom Riders... New York l'ultra-libérale avait plus de problèmes d'intégration que tout le Mississippi.» Malcolm fut assassiné à l'Audubon Ballroom de Manhattan en 1965, après sa rupture avec les Muslims. Il apparaît maintenant comme le prophète du cruel aujourd'hui de l'Amérique noire.

Pendant un bref laps de temps, dans les années 1920, Harlem découvrit sa propre voix magique dans le Nouveau Monde. La «ville sombre» possédait une sensibilité, une sophistication et une compassion très en avance sur l'Amérique blanche protestante. Ce fut une de ces époques que New York a toujours su engendrer – un de ces extraordinaires champs de forces du temps – pendant laquelle New York devint une nation en soi et Harlem sa plus spectaculaire Cité-Etat.

POO

New York est l'unique métropole au monde surgie des bas-fonds. Le pays des petites gens. Si le gangster captive notre imaginaire, c'est justement parce qu'il est cet homme venu de nulle part, anonyme et rapide – comme la ville elle-même.

CHAPITRE IV
NEW YORK, CITÉ MYTHOLOGIQUE DU CRIME

Deux petits Italiens photographiés par Jacob Riis vers 1900 (à droite). «L'espoir, pour eux, est un mot vide de sens [...]. Les rues, avec leurs poubelles à cendres et leur poussière, le fleuve qui coule encrassé de boue, c'est ça leur univers.»

«Frog and Toe»

En 1928, le journaliste Herbert Asbury publia une fable moderne intitulée *Les Gangs de New York*. Le livre connut un succès immédiat, suscitant chez ses lecteurs à travers le monde un enchantement scandalisé face à ses portraits d'apprentis gangsters des différents «berceaux du crime» de Manhattan. Le crime à New York acquérait sous la plume d'Asbury un cachet très pittoresque, comme une sorte de lampe d'Aladin qui aurait produit tout un nuage de gangsters aux noms fantastiques – Humpty Jackson, Kid Dropper, Gyp the Blood – ainsi qu'une cosmologie complète d'argot du milieu. Au dire d'Asbury, les gangs de New York avaient leur propre lexique pour accompagner leurs vies mythiques : une «chauve-souris» était une prostituée qui faisait le trottoir exclusivement de nuit ; un «bec» était un magistrat ; la «ruine bleue» était du mauvais gin ; une «jambe cassée» était une fille mère ; une «caravane» était un paquet d'argent ; une «vache» était une prostituée sur le retour ; un «empereur» était un homme ivre ; «Frog and Toe» (Grenouille et Orteil) était le surnom de New York...

Pour Asbury, le gangster possédait une certaine innocence, un goût puéril pour le chahut ; il appartenait à quelque zone nébuleuse d'un passé primitif plus brutal. Il ne faisait pas de doute qu'aux jours «éclairés» de 1928, les gangs de New York avaient pratiquement disparu et que les nouvelles recrues étaient promptement mises hors d'état de nuire par la police.

Asbury était presque aussi naïf que les gangs qu'il avait mythifiés, avec leur accoutrement lexical et leurs mœurs occultes. Le gangster était issu du Nouveau Monde parce que c'était la terre des extrêmes brutaux, des «contrastes violents entre richesse et pauvreté, entre luxe inouï et indigence

Lefty Louie et Gyp the Blood (page de gauche) et Monk Eastman (ci-dessus) : trois mauvaises graines du Lower East Side. «C'était un homme colossal, tout cabossé», écrit Jorge Luis Borges de Monk Eastman, qui «aimait à parader dans son empire scélérat, un gros pigeon bleu sur l'épaule, pareil à un taureau portant un oiseau-parasite sur sa croupe». Le tarif des «interventions» d'Eastman suivait un barème précis, de 15 dollars pour une oreille coupée à 100 dollars et plus pour le *big job* (l'assassinat). Ci-contre, un gang d'épigones de Monk Eastman parade dans les rues d'un New York mythique dans le conte de fées de Sergio Leone *Il était une fois en Amérique* (1984).

sans nom – des contrastes qui ne trouvaient nulle part de réalité plus cruelle que dans la métropole de la nation», comme l'écrivaient les auteurs du *New York Panorama.* New York était aussi le territoire de l'immigrant et du réfugié, qui bien souvent ne trouvaient pas leur place dans le système marchand qui les entourait et devaient inventer leur propre forme d'échange. Le jeu de force permanent entre

Mille hommes, femmes et enfants – noirs et irlandais – se partageaient les locaux putrides de la Vieille Brasserie (ci-contre), à l'extérieur traîtreusement calme. Dans sa grande salle, baptisée «le Repaire des Voleurs», cent personnes vivaient à même le sol. Lorsque le bâtiment fut détruit, fin 1852, les ouvriers remplirent des sacs entiers d'ossements humains trouvés à l'intérieur des murs et dans les caves.

différents peuples avait créé «une pression de population sans pareille au monde»... et aussi une culture du crime.

Requins et pirates

Les Hollandais avaient déjà leurs problèmes à New Amsterdam : la ville était infestée de requins de l'usure ; une loi fut édictée contre eux en 1661. Puis New York devint célèbre sous la domination britannique ; au milieu des années 1690, alors que l'Angleterre était en guerre avec la France, New York se transforma soudain en repaire de pirates. Des corsaires américains à la solde des Anglais partaient en équipées du port de New York pour attaquer les navires français, tout le butin qu'ils récupéraient leur restant acquis. Ce butin venait engraisser bien des entrepôts de Manhattan et faisait l'aubaine du marchand, tandis que les pirates dilapidaient leurs petites fortunes dans les gargotes et les bordels du port. Ces pirates trouvèrent bientôt une autre occupation. L'East River près de la rade de Catherine Market était tellement infestée de requins que les marchands durent recruter des pirates soûls pour se tenir accroupis sur le quai et matraquer à mort tous les requins qui se présentaient... Les pirates disparurent bientôt avec les requins.

New York ne devint une véritable ville du crime qu'à la révolution. Tandis que les Anglais occupaient la ville, les marchands *tories* organisèrent un marché noir florissant. Le prix du pain et du beurre augmenta de 800 %. Les pauvres durent enfiler des masques et dévaliser qui ils pouvaient. Personne n'était capable de venir à bout du problème lancinant de la population pauvre.

Battle Alley : la naissance du gang moderne

En 1800, près d'un tiers de la ville était indigente. Ce fut à partir de ce nouveau siècle que le gang, sous sa forme moderne, apparut. Il était composé d'immigrants qui se liguaient contre unc culture protestante dominante. Les premiers gangs étaient irlandais. Ils prirent forme dans le quartier de Five Points qui, dans les années 1800, désignait l'intersection des rues Cross, Anthony, Water, Orange et Mulberry.

Five Points (ci-dessous en 1859), le «coin de rue le plus dangereux au monde».

Lorsque Charles Dickens le visita en 1842, le quartier de Five Points était déjà un taudis rivalisant avec ceux de Londres : «Au coin de chacune de ces sombres ruelles, apparaissait quelque forme rampante à demi éveillée, comme si l'heure du Jugement allait sonner et que chaque tombe obscure s'était vidée de son mort. [...] Tout ce qui est répugnant, flétri et délabré se trouve ici» (*Notes américaines*).

Dandys meurtriers, les Soap Locks (au centre) étaient, avec les Dead Rabbits ou les Roach Guards, un des nombreux gangs de Five Points.

La Vieille Brasserie était le bâtiment le plus tristement célèbre de New York. Elevée en 1792 sur les berges d'un étang fangeux appelé le «Collect» (le Réservoir), elle était réputée à travers toute la ville pour la qualité de sa bière. Mais elle commença à s'enfoncer dans le marécage et, en 1837, fut transformée en hébergement de fortune pour Irlandais, Noirs indigents, nains, mendiants, aveugles et boiteux. Il y avait au moins deux meurtres par nuit à la Brasserie. Ses corridors étaient des lieux de brigandage. La prostitution enfantine, la

pyromanie, le viol y étaient monnaie courante. Des garçons et des fillettes suçaient du charbon dans les caves et ne voyaient quasiment pas la lumière du jour...

La petite armée du crime

La condition des enfants de la ville était abominable. Pas une seule loi n'existait pour les protéger, et lorsqu'on les gratifiait d'une instruction, celle-ci était néfaste et inadaptée à leurs besoins. Parqués dans des classes de cent cinquante écoliers, ils en sortaient sans savoir lire ni écrire et n'avaient nulle part où aller après cette éducation rudimentaire (le premier lycée public de New York ne fut construit qu'en 1897).

Ces enfants des bas-fonds, ces fils et filles d'immigrants, se qualifiaient alors pour le vol, la pauvreté et la prostitution. Ils formaient la petite

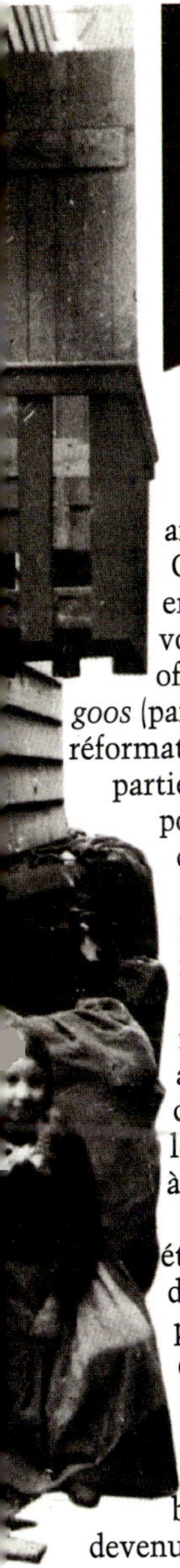

armée du crime de la grande ville.

Quarante mille enfants abandonnés erraient dans les rues de New York en 1849, volant, mendiant, et se vendant au plus offrant. Des hommes d'Eglise et autres *goo-goos* (partisans du *good government*, qui étaient des réformateurs utopistes) décidèrent d'expédier une partie de ces enfants dans l'Ouest où ils pourraient travailler comme garçons de ferme.

Le premier «train des orphelins» quitta New York en 1854. Mais les *goo-goos* n'avaient pas envisagé une minute que ces enfants, qui ne touchaient pas un sou, n'étaient rien d'autre que des apprentis serfs... et ces trains d'orphelins durent être arrêtés lorsque les enfants se mirent à se révolter.

Ceux-ci sc découvrirent un étrange champion de leurs droits en la Société américaine pour la prévention de la cruauté envers les animaux lorsque celle-ci déposa plainte contre les parents d'une petite fille sauvagement battue. Les enfants étaient devenus les «bêtes» anonymes

Petits vendeurs de journaux jouant des pennies sur le trottoir, gamines chiffonnières, vendeurs de charbon ou jeunes Noirs aux mines abattues : «Le gosse de la rue a tous les défauts et les vertus de la vie vagabonde qu'il mène [...]. Avec son poing crasseux levé contre la société quand celle-ci tente de le contraindre, il est aussi futé et vif qu'une belette», écrivait Jacob Riis.

du XIXe siècle. Leur seule protection était le gang. Celui-ci leur donnait une certaine notion de territoire, les initiait à la culture de la rue et canalisait leur malveillance anarchique. Il arrivait qu'ils devinssent pompiers de réserve ou *electioneers* (meneurs de propagande électorale) lorsqu'ils prenaient exemple sur d'autres marginaux, les politiciens irlandais, qui étaient en train de prendre le contrôle de la mairie. Le gang avait l'art de manier les suffrages.

Legs Diamond (ci-dessous), un des clients de marque du Cotton Club. Il se «qualifia dans l'activité qui correspondait le plus à son talent, qui était non pas le vol mais la menace.»

Il pouvait menacer, enjôler, et encourager les *repeaters*, ces hommes qui votaient plusieurs fois lors d'une élection.

Le gang offrait aux *street arabs* (enfants vagabonds) et autres gamins des rues leur seul cadre social; il les sortait du néant, leur donnait un statut qu'ils n'auraient jamais eu individuellement. Cela pouvait les mener à la chaise électrique, mais le gang était leur unique forme de rêve et de revanche contre une société qui les avait exclus dans sa sauvage course vers l'argent, la célébrité et le pouvoir.

Le siècle du gangster

Si le XIXe siècle produisit le gang, la New York du XXe siècle produisit le gangster, un tout autre animal. Le gangster ne doit allégeance à personne d'autre qu'à lui-même. Il n'est pas sentimental à l'égard de la vie de la rue et bien moins marginalisé. Le premier gangster moderne fut Arnold Rothstein, que Damon Runyon, son biographe, baptisa «le Cerveau». Rothstein était un joueur professionnel doté du panache d'un aristocrate. Sa grammaire n'était pas parfaite, mais il avait les yeux brun sombre d'une panthère. Le crime organisé, tel que nous le connaissons, est un descendant direct du grand art de Rothstein. Celui-ci empêcha une guerre civile entre les différents gangs, découvrit l'art de blanchir l'argent et servit de banquier au crime : il pouvait avancer les fonds pour n'importe quelle entreprise illégale susceptible de lui procurer un profit.

Bien sûr, il y avait d'autres gangsters, tels Owney Madden, propriétaire du Cotton Club, qui roulait dans Manhattan en Duesenberg blindée, et Dutch Schultz, qui pouvait se payer tout un bordel de Harlem pendant quelques jours, habiller et déshabiller toutes les filles de la maison, se soûler au champagne et tomber dans un sommeil catatonique. Madden et Dutch Schultz étaient des *bootleggers*;

Arnold Rothstein, premier roi du crime (ci-dessus), «avait enfourné de l'argent dans toutes les bouches jusqu'au cabinet de la présidence» (William Kennedy). Il parvint à subvertir la plus sacrée des institutions américaines, le base-ball, lorsqu'il faussa les championnats du monde de 1919 en soudoyant huit joueurs des Chicago White Sox pour qu'ils perdent face aux Cincinnati Reds, plus faibles. Rothstein ne fut jamais inculpé mais l'Amérique ne lui pardonna pas vraiment.

Dans *Rue sans issue* (1937), Humphrey Bogart (ci-contre) interprète un gangster qui retourne dans les rues mal famées de son enfance, où la nostalgie n'est pas au rendez-vous.

BAR
TAILOR
CLEANER

La ville dévoilée

Arthur Fellig (1899-1968), *alias* «Weegee», était un photographe de presse spécialisé dans le fait divers à sensation. Né en Autriche, il passa par Ellis Island à l'âge de dix ans, vécut dans le Lower East Side, et devint rapidement une institution new-yorkaise. Il fut le premier photographe autorisé à équiper sa voiture d'une radio de police, ce qui lui permetttait d'arriver sur les lieux de l'événement avant même la police. Aucun autre photographe n'a saisi avec une telle crudité les entrailles de Manhattan. «Je n'ai aucune inhibition, et mon appareil de photo non plus», écrivait-il. Chacune de ses photos expose à nu un instant qui raconte une histoire : l'homme mort sur le trottoir offert aux regards des curieux (ci-contre), l'arrestation d'une femme et celle d'un adolescent qui a étranglé une petite fille de quatre ans (pages suivantes). C'est de son reportage *La Ville sans voilo* que fut tiré, en 1948, le film du même nom. Pendant les dix dernières années de sa vie, Weegee s'éloigna de la rue pour se consacrer au portrait de célébrités, telles que Marilyn Monroe, Marlène Dietrich, Andy Warhol...

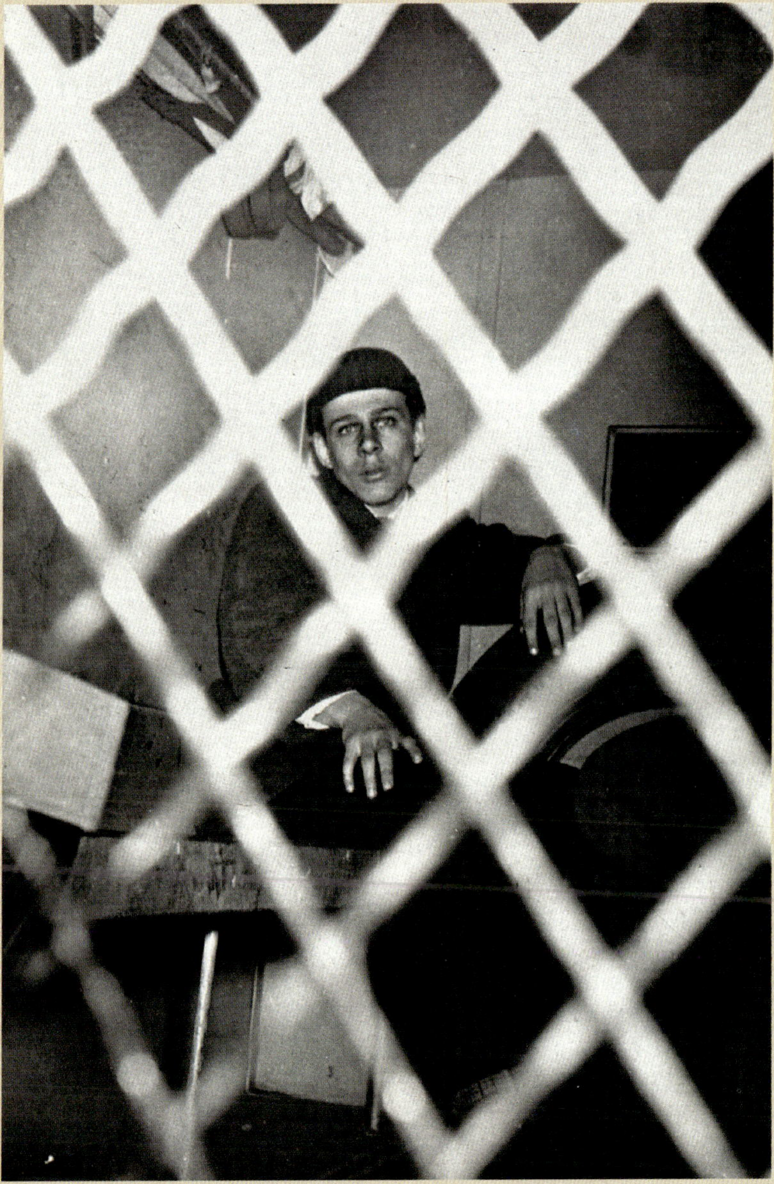

ils montèrent en puissance pendant la Prohibition et s'emparèrent de l'imagination du public en imposant une nouvelle forme de héros : le prince menaçant.

«City boys» : du caniveau à l'écran

Ce prince allait bientôt devenir un archétype de l'écran noir et blanc : le *city boy* «gosse de la ville» qui, bien au-delà des défauts de Dutch Schultz, atteignait le cœur mythique de l'Amérique. Joué par Cagney ou Bogart, George Raft ou Edward G.

Aucun acteur n'incarne mieux l'esprit de «feu follet», désinvolte et audacieux, du gangster que James Cagney, à gauche avec Jean Harlow dans *L'Ennemi public*.

Robinson, le *city boy* arriva avec la Grande Dépression et le cinéma parlant, capta l'esprit des rues de New York et, selon l'historien du cinéma Robert Sklar, en fit l'«esprit national». Le *city boy* n'était pas seulement un gangster; il incarnait «l'essence même de la langue et des maniérismes du monde urbain masculin de la rue». Comme le cow-boy avant lui, il fut inventé au cinéma. Mais le personnage du cow-boy était figé dans le passé, un ingrédient du rêve pionnier américain; le *city boy*, lui, était animé de la possibilité du changement. Sa mobilité pouvait l'entraîner vers le haut ou vers le bas, mais il ne pouvait jamais rester tranquille. Il avait la grâce «assassine» du mouvement même. Le cow-boy possédait la poésie du silence, le *city boy* parlait, parlait...

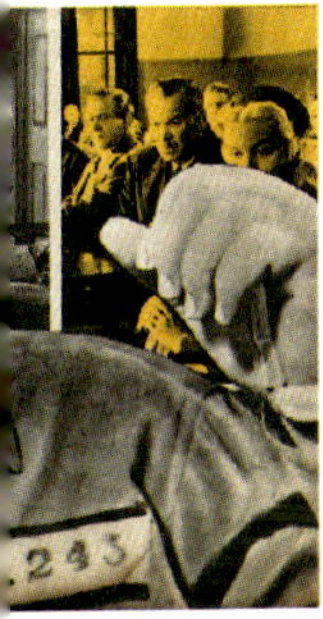

Il vivait dans un Manhattan de carton-pâte, ensorcelé, mélancolique; car il ne s'agissait pas de «la ville réelle, mais d'une cité dangereuse et triste de l'imaginaire», comme l'écrivit le critique Robert Warshow, en nous rappelant les multiples Manhattan qui hantent le Nouveau Monde.

Edward G. Robinson, le «Petit César» de l'Amérique (ci-dessous), de son vrai nom Emmanuel Goldenberg, né à Bucarest, avait, comme Cagney, grandi dans le Lower East Side. Il interprétait un gangster plus sombre et solitaire. Le film *Le Petit César* accentua l'impact du roman de W. R. Burnett qui, à sa sortie en 1929, frappait déjà par son traitement quasi documentaire du métier de gangster. «Sainte mère, est-ce la fin de Rico?» murmure Rico Bandello, le Petit César, avant de mourir.

John Gotti, le dernier des Mohicans

Le *city boy* est toujours vivant. Il s'appelle John Gotti et il aurait pu aussi bien sortir d'un film. C'est un «boss» de la mafia, chef des Gambinos qui, avec leurs cinq cents membres «formés» (initiés) et leurs deux mille hommes de troupe, constituent la plus grande famille du crime aux Etats-Unis. Les parrains sont censés être des hommes gris, sinistres. Gotti, lui, est aussi beau, intrépide et viril qu'un homme de la rue issu d'une fiction. C'est un gosse du Bronx dont les ancêtres immédiats ont fait partie de cette migration massive en provenance d'Italie du Sud – ce saut d'une paysannerie féodale sans terre aux cavernes de briques de New York qui commença aux alentours de 1880 et se poursuivit jusqu'à ce que le *National Origins Act* de 1924 interrompît le flot

Au centre, James Cagney dans *Le Fauve en liberté* de Gordon Douglas (1950).

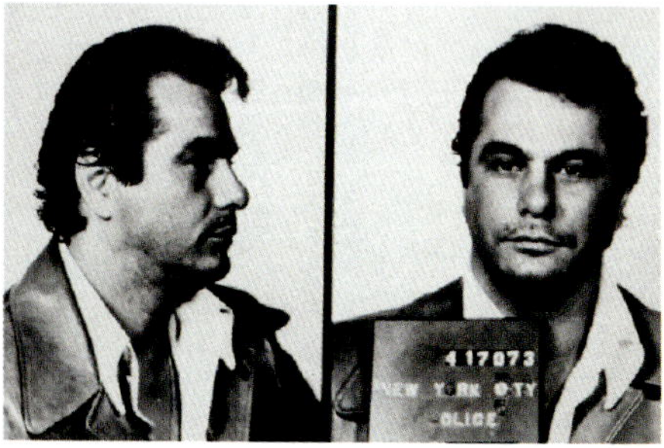

d'immigrants d'Europe du Sud.

John quitta l'école à seize ans et fit ses classes de voyou à la petite semaine. Violent, intelligent et meurtrier, il devint fantassin des Gambinos en 1966. En 1969, il fut inculpé pour avoir détourné du fret en provenance de l'aéroport JFK de New York, et fut envoyé à la prison fédérale de Lewisburg en Pennsylvanie où il vécut comme un petit roi. La mafia avait quatre cents détenus à Lewisburg et dirigeait sa propre économie clandestine. Libéré de Lewisburg en 1972, Gotti réintégra les Gambinos et finit par obtenir de commander sa propre équipe de fantassins.

Il devint patron de tous les Gambinos en 1986. C'était une activité périlleuse. Le gouvernement fédéral avait déclaré la guerre au crime organisé et le Congrès avait voté, en 1970, le *Racketeering Influenced and Corrupt Organizations Act* – connu sous le nom de «RICO», acronyme évocateur de Rico Bandello, le caïd hargneux incarné par Edward G. Robinson dans *Le Petit César* (1930). Le RICO permettait aux agents fédéraux d'élaborer leur propre «scénario» (un ensemble de recoupements) et de désigner un parrain de la mafia comme membre d'une famille impliquée dans une trame criminelle (*pattern of crime*). Le gouvernement avait donc le pouvoir terrifiant d'inculper quelqu'un comme Gotti – qui prétendait être fournisseur de

Ci-dessous, le gangster Johnny Dio en 1956, face à la commission d'enquête sénatoriale sur les rackets. Derrière les photographes, le pugnace conseiller Robert Kennedy et son frère, le sénateur John F. Kennedy.

matériel de plomberie et vendeur de fermetures Eclair – sans avoir à le coincer sur un délit spécifique. Pourtant, les «Feds» semblaient impuissants à inculper Gotti. Il avait un avocat coriace, Bruce Cutler, qui mettait en pièces les témoignages des mafieux repentis présentés par le gouvernement. «La seule technique que je connais, c'est d'attaquer le gouvernement», disait Cutler. Et cela marcha... jusqu'en 1990, quand les «Feds» inculpèrent à nouveau Gotti et déclarèrent Cutler inapte à le représenter parce que son propre nom apparaissait sans cesse sur les écoutes téléphoniques que le gouvernement avait rassemblées contre Gotti.

Sans Cutler, Gotti semblait complètement isolé. Son propre lieutenant, Salvatore Gravano, était le témoin principal du gouvernement. «John aboyait et je mordais», raconte Gravano. Le jury avalisa sa version des faits et Gotti fut condamné à perpétuité sans possibilité de libération conditionnelle. «Je suis content que nous ayons enfin coincé ce type», déclara le procureur fédéral Andrew J. Maloney, «le monde entier sait maintenant que c'est un criminel et non quelque héros de folklore.»

«Mon père est le dernier des Mohicans», déclara sa fille Victoria à propos de John Gotti (en haut à gauche). Le gouvernement fédéral dépensa 75 millions de dollars sur le dossier Gotti, que l'on voit, ci-dessus, en 1990, à une audience où il se verra refuser la liberté sous caution. L'auteur Gay Talese vit dans le procès Gotti «une guerre de cour d'assises entre hommes blancs – diplômés des grandes écoles de droit contre diplômés de l'échec scolaire. Et il semblait que New York avait bien plus de sympathie pour les sans-diplômés».

Le fait est que Gotti était un héros populaire, un dieu du feu des bas-fonds qui semblait défier l'ordre établi, un Moloch dévorateur de Manhattan. Photogénique, sans peur, il s'était emparé du cœur immoral des médias. Un assassin au visage et aux manières d'une idole de cinéma. Comme le notait l'auteur Gay Talese, il semblait que la ville ne craignait pas tant le crime «organisé» que le crime «désorganisé».

Mob Star est l'un des nombreux livres consacrés au «boss» de la mafia John Gotti. Né le 27 octobre 1940 dans le Bronx, Gotti avait douze frères et sœurs. Son père, ouvrier du bâtiment, avait du mal à nourrir une famille aussi nombreuse. Les Gotti ne connaissaient que la pauvreté. John Gotti émergea de la «culture» de la ville comme un authentique magicien. Enfant des faubourgs, il réussit à maîtriser l'idiome des jeux de pouvoir de Manhattan et à remodeler le banal truand qu'il était en chef de guerre urbain.

Requiem pour la mafia

La mafia a sa curieuse raison d'être à New York. Comme une sorte de «gouvernement de l'ombre», elle agit contre l'inertie et le chaos. Elle contrôle les transports routiers et la construction, tandis que l'administration de la ville est un Béhémoth incapable de compter ses propres employés. Personne ne sait exactement combien il y a d'enseignants à New York, ou combien la flotte automobile municipale compte de véhicules, ni à quoi ceux-ci sont utilisés. La mafia n'est pas un remède contre les déficiences administratives de la ville, mais un courant d'énergie parallèle à sa léthargie, et qui a souvent semblé indispensable.

L'ère du «beau boss» est révolue. Le RICO a contribué à faire tomber les chefs d'autres familles du crime new-yorkaises. Les apparences donnent raison à James Fox, directeur adjoint du bureau du FBI de New York, lorsqu'il affirme : «La mafia, telle que nous la connaissons à New York City et dans ce pays, est en voie d'extinction.» Mais monsieur Fox est peut-être tout aussi naïf que l'était Herbert Asbury en 1928 quand il annonçait la disparition des gangsters et de leurs gangs. La mafia naquit du besoin d'organiser la distribution d'alcool pendant la Prohibition. Ses petits soldats étaient juifs ou irlandais, aussi bien qu'italiens. Les Juifs abandonnèrent, les Irlandais suivirent leur propre voie aventureuse et les Italiens restèrent entre eux, se solidifièrent en une puissante machine. Si leur règne est fini, une autre mafia prendra leur place. Dominicaine ? Jamaïcaine ? Chinoise ? Qui peut le dire ? Mais elle sera au moins aussi cruelle que les Gambinos et peut-être pas aussi organisée.

Les hors-la-loi magnifiques

L'histoire particulière de Gotti est moins intéressante que son personnage, qui symbolise l'au-delà-de-la-loi ritualisé. Comme l'a suggéré Robert Warshow, la carrière du gangster est «une inversion cauchemardesque de l'ambition et de l'opportunité». Il est la face cachée de notre propre volonté de réussir. Le gangster «représente ce que nous voulons être et avons peur de devenir». Sous Gotti, l'intimidation et le trafic d'influence – qui avaient toujours existé à New York – se donnèrent une façade plus stylée. Cet étonnant «lifting» dota l'ensemble du «gouvernement de l'ombre» de New York d'une aura romantique qui conférait à Gotti une nouvelle espèce de légitimité. Gotti s'était octroyé le rôle titre dans un *reality show* sans complaisance qui mettait en scène le crime organisé contre le désordre collectif et la décrépitude urbaine; et le «Gotti show» menaçait de devenir un immense succès populaire. Avec Gotti, le gangster avait subi une métamorphose de plus : de *city boy* aux contours stéréotypés en roi du business et star auto-inventée.

Comme Legs Diamond, Gotti s'empara de l'imaginaire de son époque. Ci-dessous, une manifestation de soutien à Gotti, en juin 1992, devant le tribunal fédéral de Brooklyn. Les fans de John ne purent cependant empêcher la condamnation à perpétuité de leur héros qui purge aujourd'hui sa peine dans un pénitencier de haute sécurité de l'Illinois. Ces lignes de William Kennedy à propos de Legs Diamond pourraient aussi bien être appliquées à Gotti : «Toute sa vie [il] avait imaginé sa célébrité et maintenant il était imaginé par elle.»

Comme l'écrit Luc Sante dans *Low Life*, une équipée lyrique dans les entrailles du vieux Manhattan, New York est «une ville mais aussi une créature, une mentalité, une maladie, une menace», et le haut lieu du traumatisme. Elle est devenue la proie d'une incurable amnésie. C'est la cité de l'oubli.

CHAPITRE V

NEW YORK, PASSÉ, PRÉSENT, FUTUR

Scènes urbaines : le blizzard de 1888 (à gauche) dans une rue festonnée de fils télégraphiques et, ci-contre, un vendeur de hot dogs vu par l'artiste Red Grooms en 1993. «Comme la poésie, la ville condense toute la vie, toutes les races et les variétés d'êtres dans un petit îlot, et les met en musique, avec l'accompagnement de moteurs intérieurs» (E. B. White).

Le «Sans-Repos»

Avant l'établissement de New Amsterdam, un capitaine hollandais, Adriaen Block, explora les eaux autour de Manhattan à bord d'un navire appelé le *Tigre*. Celui-ci brûla en 1614 et un nouveau vaisseau, le *Sans-Repos*, fut construit dans les bois de l'île de Manhattan. Block continua à remonter et descendre le fleuve de Henry Hudson à bord du *Sans-Repos* dont le nom avait quelque chose de prophétique : New York allait devenir la ville sans repos, où passé, présent et avenir semblent se fondre en une seule zone hors du temps, nerveuse, discordante. Les marchands hollandais n'y établirent jamais de véritables racines. Peter Stuyvesant se moquait de la petite forteresse de New Amsterdam. «C'est, disait-il, plus une taupinière qu'une forteresse, sans portes, ses murs et bastions piétinés par le passage des hommes et du bétail.»

La traversée de l'Atlantique, 1905 : comme le rappelle l'historien Oscar Handlin, le voyage en troisième classe provoquait un changement radical de mentalité. Les qualités de soumission et de respect appréciables chez un paysan du Vieux Monde étaient sans valeur dans la lutte pour l'espace sur l'entrepont. Il devait s'imposer, se prendre en main, et se trouvait ainsi dans un état de crise prolongée. C'était un avant-goût de l'Amérique.

Elle échut aux Anglais qui gouvernèrent New York pendant la période révolutionnaire, et on se souvient d'un village de conte de fées peuplé de *tories* en habits de luxe. Comme si New York avait disparu pendant sept ou huit ans.

Puis, tout à coup, la ville éclata de prospérité. Avec l'ouverture du canal de l'Erié en 1825, New York devint la seule ville sur l'Atlantique à avoir sa propre voie fluviale directe vers l'intérieur des terres. Contrairement à Boston, New York grossit tant et plus en un port monstrueux. Pour les immigrants fuyant l'Europe, c'était l'Amérique, mais une Amérique recouverte d'un patchwork extravagant. «La conquête de Manhattan, nous rappelle Luc Sante, était le microcosme de celle de l'Amérique tout entière... Sauf qu'à New York, la nature sauvage fut bien plus promptement et radicalement balayée pour faire place à la vie sauvage des hommes.»

Et cette vie sauvage, nourrie du sang de vagues et de vagues d'immigrants, n'arrêta jamais de se faire ravage. Les riches eurent leurs demeures, dessinèrent leurs belles avenues. Mais ils n'ont pas réellement

Edith Wharton (1862-1937), amie et égale de Henry James, fut la première femme à remporter le prix Pulitzer (*L'Age de l'innocence*, 1920). Une patricienne qui n'eut jamais à voyager en

troisième classe, elle était pour James cet «ange dévastateur» capable de mettre à nu le cœur exsangue de la vieille aristocratie new-yorkaise.

«marqué» la ville de New York – pas même ces pharaons et capitaines d'industrie qui n'avaient de cesse d'inventer et de réinventer la géographie de Manhattan.

La ville sans mémoire

Qui se souvient de Raymond Hood, le plus grand architecte de Manhattan, dont le McGraw Hill Building «ressemble à un incendie déchaîné à l'intérieur d'un iceberg», selon Rem Koolhaas. Hood croyait en une architecture de la congestion. Il rêvait Manhattan en une nouvelle Babel, avec des tours indépendantes qui serviraient de lieu de travail, de loisir et d'habitation pour des gens qui n'auraient plus jamais à mettre le pied dehors.

Un Manhattan «avec uniquement des plaisirs d'intérieur», et aucune «évasion extérieure».

Hood fut l'un des modernistes américains les plus radicaux mais New York ne lui rend pas hommage, ni à lui ni à ses dessins. La ville semble ne pas avoir de pères, seulement des fils meurtriers qui dévorent Manhattan morceau par morceau jusqu'à

«Le ciel de New York est beau parce que les gratte-ciel le poussent plus haut au-dessus de nos têtes. Solitaire et pur, comme une bête sauvage [...], il s'étend très loin au-dessus de l'Amérique. C'est le ciel du monde entier», écrivait Jean-Paul Sartre en 1946. Le *skyline* de New York a inspiré des peintres tels que Georgia O'Keeffe (à gauche) et... ses architectes (ci-dessous) costumés en leurs propres créations lors d'un bal des Beaux-Arts dans les années trente.

ce qu'eux-mêmes soient dévorés. On ne trouve pas d'images d'Afro-Américains à New York avant la naissance du mythe du Harlem noir dans les années vingt. Et que dire des femmes ? On se souvient peut-être de courtisanes, comme Lillie Langtry et Lillian Russell, parce que ces hors-la-loi sexuelles furent raflées par l'usine à rêves d'Hollywood et anesthésiées en lionnes d'amour. Les femmes n'apparaissent qu'à la fin du XIXe siècle – des romancières, comme Edith Wharton, des infirmières, comme Lillian Wald, qui mit sur pied le *settlement* de Henry Street et créa l'aide médicale dans le ghetto, des anarchistes, comme Emma Goldman, qui fut expulsée d'Amérique en 1919, et des féministes, comme Margaret Sanger, qui ouvrit le premier centre de contrôle des naissances aux Etats-Unis.

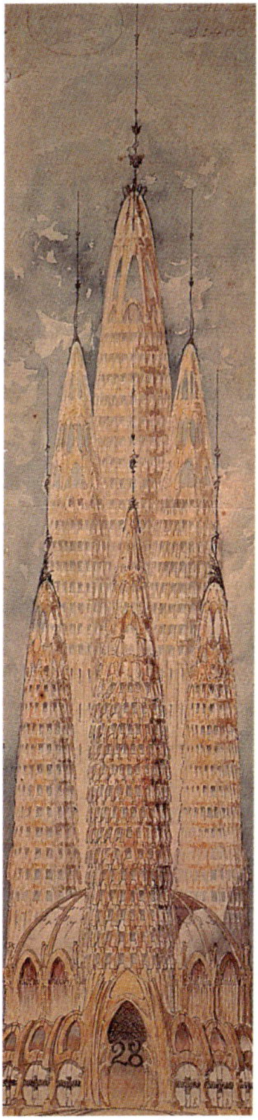

En 1908, on demanda au grand architecte Antonio Gaudi de dessiner un hôtel pour Manhattan. Le «Grand Hôtel» de Gaudi (ci-dessus), une «gerbe de stalagmites» plus haute que la tour Eiffel, parut trop aventureux à son commanditaire et ne vit jamais le jour.

Frappés par la dépression, les sans-logis de New-York ont construit des cabanes dans Central Park, baptisées «Hoovervilles», du nom du président en fonction à l'heure du crash de 1929.

Toutes ont pris place parmi ces morts de New York au souvenir agonisant.

Le Léviathan n'a pas de temps pour l'Histoire. Il doit garder les yeux fixés sur son image dans le miroir, apaiser sa faim monstrueuse, nourrir son activité incessante. Mais la ville prend aussi sa revanche. «La nuit, écrit Luc Sante, escamote l'impérieux Manhattan. C'est le jour qui est une chimère, qui prétend que New York est quelque part... avec une population qui vaque à ses occupations puis va se coucher, une grosse machine bourdonnant pour le bien de l'humanité. La nuit révèle que tout ceci est une pantomime. Dans les rues, la nuit, tout ce qui est gardé caché apparaît, tout le monde est soumis aux règles du hasard, tout le monde est potentiellement à la fois assassin et victime... La nuit, tout le monde est nu.» C'est dans cette nudité même que la mémoire réside. Non pas la mémoire des géants de l'industrie, mais le cœur épars, schizoïde du Léviathan, habité par les pauvres, les boiteux et les affamés de ce Manhattan nocturne.

L'hiver à la rue : des *homeless* tentent de se réchauffer autour d'un feu à Tompkins Square Park.

Rêves estropiés

Rien ne peut détruire l'énergie de New York, «le tempo tourbillonnant, entraînant, de l'existence; les efforts déployés pour se détendre au cours de la lutte pour exister», évoqués par les auteurs du *New York Panorama*. Mais la lutte pour l'existence devient de plus en plus dure. Les Noirs et les Latinos les plus pauvres semblent avoir glissé dans un abîme sans fond. Les jeunes Noirs sont devenus une espèce en voie de disparition. L'homicide est la cause principale de décès chez les Noirs de moins de vingt-cinq ans. Ceux qui ne sont pas morts croupissent en prison ou dans quelque autre recoin du désespoir, «des garçons élevés à abandonner les femmes par des femmes abandonnées

par les hommes», comme l'a écrit Arthur Kempton dans la *New York Review of Books*. Pour les jeunes Noirs et Latinos, la prison a perdu toute valeur de choc, tout pouvoir dissuasif. Selon Don Terry du *New York Times*, «un certain prestige semble entourer le pénitencier». Ce serait devenu le mode d'initiation le plus confortable, comme de s'engager dans l'armée.

«On dirait qu'aller en prison c'est le destin de beaucoup de jeunes Frères», observe Hahmed Staford, un ancien détenu. «Mais on connaît la musique. Les Blancs eux aussi commettent des crimes. Mais

on les met en sursis, nous on va en taule. Ils vont en désintox, nous on va au cimetière.»

Et qu'en est-il des enfants trop jeunes pour aller en prison ? Ils ne peuvent pas tous être des *crack babies*. Les statistiques relatives à leurs chances de survie sont presque trop effrayantes à regarder en face. 90 % des enfants sidéens à New York sont noirs ou latinos. Plus d'un tiers des enfants de New York sont totalement délaissés et

Les «Hoovervilles» d'aujourd'hui : un fumeur de crack pris dans sa propre dépression mentale.

vivent à la limite de la faim. Le crack et le sida ont créé le phénomène des «familles au degré zéro». Des orphelins sans orphelinat. C'est un problème national, pas seulement new-yorkais. L'Etat fédéral a abandonné les villes à leur sort. Attitude bien résumée dans cette manchette du *Daily News* traduisant la position du président Gerald Ford en 1975, alors que New York était en pleine crise financière : «Ford à la ville : tu peux crever.»

En attendant du pain (ci-dessous) : pendant la Grande Crise, la queue pour la soupe populaire entra, à New York, dans un quotidien qui démentait tragiquement le rêve américain.

Monstrueuse machine

Il n'y a que dans le Nouveau Monde que la première cité de la nation soit tenue d'exister dans un état de guerre permanent avec toutes les formes de gouvernement qui l'entourent. New York s'est battue avec le New Jersey pour les droits territoriaux des équipes de base-ball, basket-ball et football, pour les emplois et l'emplacement des sièges sociaux de grandes entreprises. Elle est depuis la révolution en lutte constante contre l'Etat de New York pour l'obtention d'une indépendance financière et politique qu'elle n'a jamais eue. C'est une ville à l'esprit populaire, radical, au sein d'un Etat plus conservateur. Elle possède plus d'escrocs et de voleurs que n'importe quel autre endroit de la planète, et un bon nombre de ces escrocs ont accédé aux commandes municipales. Ils ont fréquemment volé la ville dans les grandes largeurs. New York fut également un champ de bataille permanent entre les réformateurs – partisans d'un

Le XXe siècle, pour le philantrope Seth Low (ci-dessous), serait le siècle de l'éducation. Son organisation de l'université de Columbia demeure

aujourd'hui encore un modèle. Mais son esprit de réforme sociale se heurta, en politique, à l'efficacité de la machine démocrate.

gouvernement social – et les chefs politiques, comme «Boss» Tweed. Les réformateurs ne sont jamais restés en poste très longtemps, à cause d'un manque de lien concret avec la population qu'ils tentaient de secourir. Des patriciens dans une ville fruste, sauvage. A l'instar de Seth Low, président de l'université de Columbia et maire de New York en 1902-1903, c'étaient des hommes sans humour qui voyaient le péché partout. Les *bosses* entretenaient de bien meilleures relations avec le diable...

New York a toujours été en difficulté parce que c'est une machine impossible à gérer; elle ne peut l'être véritablement. Elle se comporte souvent comme si elle était son propre pays, créant des programmes sociaux qu'elle n'a pas les moyens de financer. Pendant la Grande Dépression, New York était plus endettée que tout le reste des Etats-Unis. Elle fait fonction de baromètre, accumulant des fortunes en période de prospérité et sombrant dans des abîmes de dettes en cas de vaches maigres. Mendiante et reine, elle ne peut pas prévoir l'état de son propre Trésor qui varie au gré de brusques pénuries et de mannes inexplicables. New York a toujours trop d'argent ou pas assez. La ville peut dépenser 18 000 dollars par an

L'arrestation en 1871 du commissaire aux travaux publics William Marcy Tweed (ci-dessous) mit fin à la plus odieuse gabegie

municipale que New York eût connue. Mais le pillage des caisses de la ville orchestré par «Boss» Tweed s'allia à une grande générosité envers les pauvres.

MOONSHINE

Ce si beau monstre urbain

La ville vue de Greenwich Village (1922) de John Sloan (ci-contre) révèle, à travers un jeu de couleurs nocturnes, un Manhattan au lyrisme inquiétant. Sloan était l'un des huit «Apôtres de la Laideur» de l'*Ash Can School* – Ecole de la Poubelle – qui rejetait tout académisme pour dépeindre l'Amérique urbaine telle qu'elle était. La rue engendrait une esthétique nouvelle au-delà du beau et du laid.

Faucons de nuit d'Edward Hopper (1942) (pages suivantes), un tableau inspiré par un restaurant de Greenwich Avenue, est une des plus puissantes évocations de la ville comme lieu de solitude. «*Faucons de nuit*, écrivait Hopper, semble être ma vision d'une rue la nuit. Elle ne me paraissait pas particulièrement solitaire. Mais j'ai beaucoup simplifié la scène et agrandi le restaurant. Sans doute qu'inconsciemment je peignais la solitude d'une grande ville.» Hopper, qui se forma à Paris puis s'installa à Greenwich Village, est probablement le peintre américain de l'univers urbain le plus visionnaire. Ses personnages sont tous des «faucons de nuit» solitaires.

PHILL
Only 5¢

pour entretenir un sans-logis dans un baraquement de neuf cents lits, mais elle ne peut lui trouver ni appartement ni travail. Elle a les meilleurs établissements d'enseignement public du pays – comme Stuyvesant et Bronx Science – mais aussi les pires, à l'entrée desquels on a installé des détecteurs de métal pour empêcher les écoliers d'apporter des armes à feu en classe. Elle a inventé la démocratie pour les couches défavorisées, s'est vouée à la cause des pauvres, mais est incapable d'éduquer son sous-prolétariat actuel de jeunes Noirs et de Latinos.

S'il y a une question sur laquelle conservateurs et libéraux sont d'accord, c'est celle de l'aggravation de

Gosses du Bronx : «L'excitation, la saleté, la bagarre, le chaos : Le bruit de ma rue montait comme l'explosion d'un carnaval ou d'une grande catastrophe», se souvient Michael Gold de sa propre enfance démunie.

la crise de l'éducation à travers toute l'Amérique ; comme si le pays était tombé dans les décombres de quelque rêve sans issue. Et New York, avec sa gigantesque population de jeunes des ghettos, se retrouve à l'épicentre de cette catastrophe. Elle est devenue le dépotoir des non-qualifiés et des sous-employés. Les jeunes Latinos ou Noirs de familles pauvres ne peuvent pas trouver de travail. Leur éducation déplorable les a isolés, les forçant à

« Dans la Grande Ville, fais ce qu'il te plaît ; elle est là pour te soutenir et te piéger, quoi que tu fasses. »

Toni Morrison

« cannibaliser » leur propre quartier, à se détruire, eux-mêmes, avec ce qui les entoure. Selon Arthur Schlesinger Jr., l'éducation est la clef de tous les problèmes du ghetto urbain et personne ne semble près de la détenir. Les écoles municipales servent à entreposer des gosses déjà prêts à glisser dans le crime – la seule empreinte dont ils peuvent marquer la culture. Les jeunes pauvres sont devenus la tribu perdue de New York, à l'image des enfants vagabonds du XIXe siècle.

« Descendez n'importe quelle rue baignée de douce lumière violette. Mille sensations vous assaillent [...]. Rues qui toussent, qui bourdonnent comme une tempe enfiévrée », écrivait Henry Miller, souvent sans domicile à New York. Aujourd'hui, *Street News* parle de sans-logis qui ne trouvent peut-être pas la lumière de la nuit new-yorkaise si douce.

Les nouveaux immigrants

New York n'est plus une ville blanche. Elle est à 25 % latino, 25 % noire, 7 % asiatique et seulement à 43 %

blanche. La population blanche diminue chaque année. Depuis 1965, lorsque les quotas d'immigration furent supprimés, près de trois millions d'immigrants sont arrivés à New York... Il n'y a plus d'Ellis Island pour les marquer à la craie ou détecter la vermine infectant leurs corps. Ellis Island est maintenant un musée mélancolique ; la nouvelle «île des Larmes» est un aéroport rempli de populations errantes et surveillé par une «patrouille de frontière» d'inspecteurs des douanes. Les anciennes vagues d'immigrants découvraient la statue de la Liberté et l'élan démesuré du Nouveau Monde. Mais le Nouveau Monde n'est plus. Les nouveaux immigrants sont pour la plupart non-blancs. Jamaïcains, Dominicains, Mexicains, Coréens, Pakistanais, Indiens, Chinois... Ils ne rencontrent pas beaucoup de bienveillance. A Staten Island, une bande de jeunes lycéens a saccagé la maison d'une famille d'immigrés indiens, brisant les fenêtres et laissant un message sur la pelouse : *«Indians, go home»*, pouvait-on lire. *«Leave or die»* (Casse-toi ou crève).

«Leave or die»

La violence contre les immigrants est en hausse à New York. Mais elle a toujours existé. En 1908, le chef

de la police Theodore Bingham accusa les Italiens et les Juifs russes d'être le sous-prolétariat criminel de la ville, lâche et dépravé. Ils constituaient en effet un sous-prolétariat, et il y avait des criminels parmi eux, mais ce que Bingham ne voyait pas, c'est que leur criminalité était un mode de survie.

On entend beaucoup dire encore aujourd'hui que les immigrants pauvres sont des créatures pathologiquement différentes, une engeance spéciale enfermée dans sa propre culture, la «culture de la pauvreté». Mais si l'indigence engendre un certain esprit léthargique de désespoir, elle est aussi à la source de l'aptitude de New York à se régénérer.

Red Grooms, qui ne cesse de réinventer New York dans sa confusion et son énergie démente, nous livre une *Little Italy* (ci-dessus) où animaux, immeubles, voitures, humains et poubelles composent un «poulailler grinçant». La réalité du quartier (ci-contre) peut être plus lugubre.

«New York est une ville laide, une ville sale. Son climat est un scandale, sa politique utilisée pour faire peur aux enfants, sa circulation est pure folie, sa compétition meurtrière. Mais une chose demeure : une fois qu'on a vécu à New York et qu'on en a fait sa ville, aucun autre endroit ne la vaut. Tout y est concentré : population, théâtre, art, littérature, édition, affaires, meurtre, agressions, luxe, pauvreté. Elle est l'ensemble de toutes choses. Elle continue toute la nuit. Elle est infatigable et son atmosphère est chargée d'énergie», écrivait John Steinbeck en 1953. Cette énergie incessante est toujours là… chez cet adolescent d'East Harlem qui épate ses copains devant un *coffee shop* (à droite), ou chez ces gamins de l'East Bronx (ci-dessus), qui «jouent» à mettre le feu aux ordures non ramassées.

Les nouveaux immigrants sont en train de créer leur propre énergie... et leurs criminels. Petites bandes jamaïcaines. Seigneurs de la drogue dominicains. Tueurs de l'ex-Union soviétique, membres de l'*Organizatsiya* aux liens établis avec les familles du crime italiennes. Mais la prochaine génération d'hommes de l'*Organizatsiya* aura perdu en violence. Ils démarreront leur petit commerce, rentreront dans le rang. Ainsi va l'*American way*.

La ville est devenue en partie antillaise au cours des dix dernières années. Elle est aussi en partie arabe et chinoise. New York est la capitale «faite par et pour les réfugiés», écrit le critique George Steiner. C'est une ville «où tout peut arriver», où l'imagination créative continue à bondir, prête à bifurquer vers des destinations imprévisibles. Qui sera capable d'en décrypter le cours ?

Pendant de nombreuses années, les Juifs ne furent pas autorisés à enseigner l'anglais dans les meilleures universités américaines. Après tout, c'étaient des métèques. Or certains écrivains juifs américains – Saul Bellow, Grace Paley, Cynthia Ozick, Bernard Malamud, Stanley Elkin et Philip Roth – développèrent un idiolecte qui envoya une décharge électrique à l'anglais traditionnel, une langue qui a le mordant de la rue, la musique triste et drôle d'un ghetto explosant de l'intérieur et vers l'extérieur. Bellow reçut le prix Nobel. Son écriture est une sorte de vengeance contre la prose de l'Amérique blanche protestante.

Les plus grands écrivains, peintres et musiciens sont souvent en marge de leur culture, des gens à l'imagination ensorcelante, venue d'ailleurs. On ne peut qu'attendre les Shéhérazade à venir...

Le bourreau et l'artiste

Pendant près d'un siècle, New York a été le berceau et le creuset d'une bonne partie de la civilisation américaine. Ce berceau peut être violent, comme l'Amérique elle-même. New York constitue l'habitacle et le lieu de rencontre du bourreau et de l'artiste. Le bourreau est souvent le plus bienveillant des deux. C'est là le paradoxe essentiel de New York. La ville fut taillée dans un roc très sauvage. A l'instar des gangs du XIXe siècle qui, comme le souligne Luc Sante, rendaient «un hommage teinté de dérision au monde hors de leur territoire sur un mode parodique – parodie de l'ordre, parodie de la loi, parodie du commerce, parodie du progrès», New York est un immense gang fondé sur la parodie. Cette ville n'aurait jamais survécu si longtemps sans une aptitude à rire d'elle-même et du monde. C'est un endroit drôle, triste, blessé, et cette blessure même l'a gardé alerte et vivant.

TÉMOIGNAGES ET DOCUMENTS

« New York est la créature la plus fatalement fascinante de l'Amérique.
Elle est accroupie comme une sorcière à la grande porte du pays. »
James Weldon Johnson

« Il est vrai qu'on peut vivre et mourir anonymement à New York, mais on vous laisse aussi en paix, libre de voir ce qu'il y a à voir, d'inventer tout votre soûl.
Plus la forteresse urbaine devient massive et inaccessible,
plus son espace intérieur est imaginatif. »
Alfred Kazin

Un lieu à apprendre

Le célèbre critique littéraire Alfred Kazin a su exprimer, à travers sa propre expérience, la relation quasi religieuse que les enfants d'immigrants pauvres et illettrés ont pu entretenir avec New York. Aux yeux d'un gosse issu du ghetto juif d'East Brooklyn, New York était « une ville étrangère », dont la masse intimidante, les images et les sons polyglottes dessinaient les contours de l'Amérique. Entre lui et cette ville, la distance se trouvait à la fois révélée et enjambée par l'arc magique du pont de Brooklyn, lieu d'initiation et de défi.

Par un sombre après-midi d'hiver, j'avais alors quatorze ans, je me suis retrouvé seul sur le Brooklyn Bridge après une sortie scolaire à l'Hôtel de Ville de New York et aux grands tribunaux de Manhattan. En ces temps reculés, le pont était bourré à craquer de haut en bas, couche sur couche, de couloirs assourdissants de circulation parallèle. L'*Elevated* le traversait en grondant à partir d'un terminal noirâtre et tout rouillé, côté Manhattan, qui devait dater de bien avant l'ouverture du pont en 1883. Lors de mon premier contact avec le pont, à l'heure de pointe, il y avait une masse irrépressible de lourds pardessus sombres qui se bousculaient et se pressaient à bord de trolleys et des rames de l'*Elevated*, en route pour Brooklyn ; il y avait des ampoules électriques nues pendouillant à des fils au-dessus de stands découverts dont les propriétaires vous hurlaient d'acheter des saucisses de Francfort, des pretzels, ou des cartes postales du pont. Le pont semblait résonner des coups furieux que se portaient tous ces gens dans leur lutte pour rentrer chez eux.

Le soir descendant rapidement, la dense noirceur de tout ce qui m'environnait était écrasante. Mais juste

Manhattan vu de Brooklyn, années 40.

en face de moi, les lampadaires en forme de becs à gaz placés à intervalle régulier le long de la promenade centrale surgissaient comme des corolles de flammes. Je m'émerveillais de fouler, si haut au-dessus du fleuve, des planches de bois dont beaucoup étaient enfoncées, écornées et disjointes par les années, de sorte que je pouvais entr'apercevoir la structure d'acier au-dessous de moi et un peu de l'East River. […]

Je continuais à avancer droit devant moi, pénétré d'une sorte d'incrédulité glaçante devant l'immensité de New York qui m'entourait de toute part. Arrivé à la plate-forme ménagée sous l'arche de la Tour Manhattan*, je m'appuyai contre un pylône, agrippai la rambarde de fer et englobai New York du regard, absorbai toute la ville d'un seul coup tandis que celle-ci me dévisageait. De l'autre côté, en tournant le dos à Governors Island, s'étendaient les *tenements* ininterrompus du Lower East Side, avec l'enseigne électrique du *Jewish Daily Forward*. […] Mais juste devant moi, en une grande muraille échancrée à l'endroit où les navires étaient encore à l'amarre, au bas de South Street, s'offraient les tours de New York, un grand horizon courbe de gratte-ciel.

Cet instant sur la plate-forme d'observation, à jamais inscrit dans ma mémoire, fut crucial pour moi. Je reconnus en cet endroit même, au sein du grand pont, le cœur de New York. A la même seconde, je compris que la ville était plus que le champ matériel de ma vie, plus qu'un lieu de passage. Elle était père, mère, professeur, le seul monde que je connusse alors, un lieu qu'il me fallait apprendre.

Alfred Kazin, *Our New York*,
Harper & Row, 1989,
Traduction Cécile Bloc-Rodot

* L'une des deux tours auxquelles les câbles du pont sont accrochés, la seconde étant la Tour Brooklyn.

Le chant de l'hydre

Comment chanter l'énigme d'une grande cité moderne? Dans la cacophonie urbaine, les mots se perdent ou parfois triomphent. Au lyrisme de Walt Whitman répond l'amertume de Weldon Kees qui chercha sa vie durant à « construire une calme cité de l'esprit […] / Un refuge, permanent, ombragé / Quand toutes les autres villes meurent et s'effacent. » Sa quête fut vaine et, dégoûté par la « civilisation bâclée », Kees se suicida en 1955. Claude McKay, lui, un Noir dans la « ville blanche », concentre son amour meurtri pour New York en sonnets admirés par les Blancs.

Mannahatta

Je demandais quelque chose de caractéristique et de parfait pour ma ville,
Lorsque, voyez! Le nom que lui donnèrent les Aborigènes à mes yeux surgit.

Je vois à présent ce que peut contenir un nom, un mot liquide, sain, réfractaire, musical, hautain,
Je vois que le nom qui convient à ma cité est ce mot venu de jadis,
Parce que je vois ce mot appuyé dans les creux des baies, superbe,
Opulent, tout autour ceinturé de voiliers et de vapeurs pressés l'un contre l'autre, je vois une île de vingt-cinq kilomètres de long, avec le plein roc comme base,
Les rues sans nombre avec leurs foules, les hauts végétaux de fer, sveltes, forts et légers, qui jaillissent splendidement de son sol vers les cieux clairs,
Les marées qui affluent rapides et amples, les marées tant aimées de moi, à l'heure où le soleil se couche,
Les courants marins qui s'épanchent, les petites îles, les grandes îles avoisinantes, les hauteurs, les villas,
Les mâts innombrables, les blancs côtiers, les allèges, les bacs, les noirs paquebots aux formes parfaites,
Les rues du bas de la ville, les boutiques des soldeurs, les bureaux des armateurs et des changeurs, les rues qui bordent la Rivière,
Les immigrants qui arrivent à raison de quinze ou vingt mille en une semaine,
Les camions voiturant les marchandises, la mâle race des conducteurs de chevaux, les marins au visage hâlé,
L'air estival, le soleil qui brille éclatant, et les nuages qui flottent là-haut,

Walt Whitman.

Les neiges de l'hiver, les clochettes des traîneaux, les glaçons dans la Rivière qu'apporte le flux ou qu'emporte le reflux,
Les ouvriers de la ville, les maîtres, aux nobles proportions, au visage magnifique, qui vous regardent bien en face,
Les trottoirs encombrés, les voitures, Broadway, les femmes, les magasins et les curiosités,
Un million d'habitants, aux manières libres et fières, à la voix franche, accueillants – les jeunes gens les plus braves et les plus cordiaux,
Ville des flots précipités et écumants ! Ville des faîtes et des mâts !
Ville posée parmi les baies ! Ma ville !

Walt Whitman, *Les Feuilles d'herbe*,
traduction Léon Bazalgette,
Mercure de France, Paris, 1909

La ville-héros

Pour ceux dont la voix monte des ruines
Pour ceux qui meurent dans le noir seuls
Pour ceux qui déambulent dans des rues ravagées

Ici en votre soir

Les cheminées sont vides de fumée
Ces carrés d'obscurité sont des fenêtres
Les fils muets s'étirent à travers le ciel
Immobilité de l'air
Sous de froides étoiles
Et près du fleuve à sec
Un vieil homme sans ombre marche seul

En surplomb de coussins de ténèbres
Voici votre soir

Quelles paroles Quelles réponses maintenant
Quels souvenirs Quels ports dévastés ?

Weldon Kees, « The City as Hero »,
The Poems of Weldon Kees,
University of Nebraska Press, 1975

La ville blanche

Si Claude McKay (1890-1948) sortait avec ses amis blancs au restaurant, il leur fallait prendre leurs repas aux cuisines – quand on acceptait de les servir. Alors, pour leur épargner cette humiliation, il refusait leurs invitations. Adoration de New York et haine de la ségrégation fusionnent dans cette ode incandescente à une ville pénétrée d'injustice.

Pas question de m'en amuser ni de céder d'un pouce
Tout au creux secret de mon cœur
Je médite ma haine de toujours, et tête haute
Je la souffre sans ciller tandis que je remplis mon rôle.
Mon être ne serait qu'un squelette, une coque,
Si cette sombre Passion qui irrigue ma moindre humeur,
Et crée mon paradis dans l'enfer des Blancs,
Ne me sustentait à jamais de sang vital.
Je vois la puissante cité à travers une brume –
Les trains stridents précipitant les masses éperonnées,
Les pylônes et clochers et les tours embrassées de vapeur,
Le port embastionné que les grands navires sillonnent,
Les marées, les quais, les antres que je contemple,
Ont la douceur d'amours libertines parce que je hais.

Claude McKay,
« The White City », *Selected Poems*,
Twayne Publishers, 1920
Traductions Cécile Bloc-Rodot

Immigrations

Le « berceau » de l'immigration à New York fut le Lower East Side. Les Irlandais, puis les Juifs s'y installèrent, toujours plus nombreux dans des logis toujours plus vétustes. Les conditions de vie y étaient sordides mais ce fut aussi le lieu de naissance d'une prise de conscience sociale et d'une organisation communautaire d'une efficacité encore sensible aujourd'hui. Une masse fantastique d'immigrants se fondit dans le creuset américain, mais non sans souffrance, comme le rappelle l'écrivain Grace Paley.

Lower East Side

L'histoire dramatique et intensément humaine du Lower East Side est un chapitre familier de l'épopée de l'Amérique. […] Là ont résidé ceux qui de leurs mains construisirent les métros aériens et souterrains, les canalisations, les ponts et les gratte-ciel de la ville. Ses cinq kilomètres carrés de *tenements* [immeubles locatifs insalubres] et ses rues grouillantes de monde donnent une image grossie de tous les problèmes et les conflits inhérents à la vie dans les grandes villes. Les conditions inhumaines sévissant dans ses taudis et ses *sweatshops* [ateliers de confection exploitant la main-d'œuvre immigrée] donnèrent naissance aux premières initiatives de travail social organisé en Amérique. Surpeuplé, bruyant, sordide par bien des côtés, aucun autre secteur de la ville n'est plus typique de New York.

Le quartier est surtout réputé pour être un taudis, une communauté d'immigrants et un ghetto ; pourtant, toute son étendue n'est pas délabrée, sa population n'est pas toute de souche étrangère et tous ne sont pas juifs. De ses logements sombres sont issus des générations d'ouvriers américains de nombreuses origines nationales ainsi qu'un nombre étonnant de personnalités publiques : hommes politiques, artistes, gangsters, compositeurs, boxeurs, syndicalistes.

L'un des premiers immeubles populaires de New York destiné au logement multifamilial fut construit dans le Lower East Side (à Water Street) en 1833. Mais le plus célèbre taudis « moderne » était celui de Five Points – autour de l'intersection de Baxter, Worth et Park Streets – en pleine expansion lorsque Charles Dickens le

Lower East Side, dans les années 30.

décrivit en 1842. La partie sud du Lower East Side partagea bientôt les conditions, sinon la notoriété de Five Points puis, la maladie de la pomme de terre, l'oppression politique et les pogroms aidant, le secteur nord revêtit bientôt le même aspect sous le déferlement conjugué des dernières grandes vagues de la l'« ancienne immigration » et des premières de la « nouvelle immigration ». La vaste majorité des immeubles encore existants sont du type interdit en 1901. Beaucoup datent d'avant la guerre de Sécession mais la plupart furent construits dans les années 1880-1890.

Deux millions d'Irlandais, fuyant la famine, émigrèrent en Amérique entre 1846 et 1860 et nombre d'entre eux s'installèrent, au moins temporairement, dans le Lower East Side. [...]

Beaucoup d'ouvriers irlandais entrèrent dans la construction navale et le bâtiment et, par la suite, dans la police, les pompiers et autres services municipaux.

Les premiers des milliers d'immigrants allemands arrivèrent dans le Lower East Side au milieu du XIXe siècle. Nombre d'entre eux étaient des ouvriers qualifiés munis d'une expérience de l'action ouvrière organisée et ils jouèrent un rôle important dans le mouvement syndical new-yorkais; ils formèrent le General German Workingsmen Union (Syndicat Général des Travailleurs Allemands) qui s'affilia en 1867 à l'Association Internationale des Travailleurs (la Première Internationale); ils fondèrent la Free Workers' School (l'Ecole Libre des Travailleurs), l'une des premières écoles de ce type aux Etats-Unis; ils lancèrent des journaux progressistes. Les Juifs allemands se tournèrent vers le commerce, les professions libérales, la confection, la fourrure et la bijouterie. En 1880, ils formaient l'élément dominant des 80 000 membres de la communauté juive new-yorkaise. En 1881 commença le grand afflux d'Italiens, de Russes, Roumains, Hongrois, Slovaques, Grecs, Polonais et Turcs dans le Lower East Side. Entre 1881 et 1910, 1 562 000 Juifs arrivèrent en Amérique. Beaucoup d'entre eux, venus pour la plupart de Russie, s'installèrent dans le Lower East Side, formant la plus grande communauté juive au monde. Les Juifs, comme les autres populations de l'endroit, se regroupèrent en colonies plus ou moins homogènes, déterminées par la langue, les coutumes, le pays ou la province d'origine. Little Rumania, par exemple, centré sur Allen Street, était dans les années 1890 l'un des quartiers les plus distincts et intéressants.

La plupart des ces nouveaux immigrants juifs travaillaient comme camelots ou joignaient les métiers d'aiguille alors en expansion. Des ateliers, établis à domicile, mirent des

Hester Street, cœur du quartier juif de New York en 1914.

familles entières en esclavage, et l'ère du *sweatshop* commença, malsaine et dégradante. Beaucoup de ces ouvriers réussirent après quelque temps à améliorer leur situation et quelques-uns devinrent eux-mêmes des employeurs à grande échelle. Au prix de sacrifice inimaginables, certaines familles juives réalisèrent leur aspiration la plus chère : un fils qui devenait docteur, professeur ou homme de loi. Ceux qui sortaient de la misère déménageaient vers des quartiers plus attrayants, mais les *greenhorns* – ces immigrants tout juste débarqués, hébétés, juifs ou non juifs – continuèrent à accroître la population de l'East Side jusque dans les années 1930 où l'introduction des quotas réduisit sensiblement l'immigration ultérieure. Durant cette décennie, la population oscilla entre 500 000 et 600 000 habitants.

Une famille de l'East Side était souvent divisée de l'intérieur par le conflit des anciens et des modernes. « Nombre d'entre nous étaient des étrangers de passage chez nos propres parents, impatients de partir », note Samuel Ornitz dans *Haunch, Paunch and Jowl* (1923), un roman semi-autobiographique du Lower East Side. Il n'y avait quasiment pas de terrains de jeux. Les garçons se regroupaient en bandes et sillonnaient les rues en quête d'argent ou d'un mauvais coup ;

beaucoup devinrent des gangsters. Un des voyous les plus durs dans l'histoire de la ville, « Monk » Eastman, monta en puissance au tournant du siècle, jusqu'à avoir des centaines d'hommes de mains sous ses ordres. De son quartier général de Chrystie Street sortirent, plus tard, Johnny Torrio, « Legs » Diamond et Jacob (« Little Augie ») Orgen.

Jacob Riis, entre autres, stimula le mouvement pour l'amélioration du logement et le travail d'assistance sociale. En 1886 fut fondée la Neighborhood Guild, la première des nombreuses « maisons de quartier » (*settlement houses*) du Lower East Side, offrant une variété de services sociaux (aide médicale, formation, animation culturelle). Ces organismes communautaires, souvent fondés sous les auspices d'une institution religieuse ou universitaire, demeurent irremplaçables. Deux ans plus tard, les habitants de l'East Side eux-mêmes prirent une mesure importante pour combattre leurs conditions de vie intolérables en fondant le corps syndical de la United Hebrew Trades (Union Commerciale Hébraïque).

Le syndicalisme, l'anarchisme, le capitalisme, le socialisme et le communisme ont été discutés en large et en travers dans les rues et les squares de l'East Side. Pourtant, Tammany Hall* a régné presque sans interruption sur la vie politique effective du secteur. Des journaux et revues anarchistes et socialistes y ont été publiés en de nombreuses langues. Sous la direction éditoriale d'Abraham Cahan, le *Jewish Daily Forward*, un journal prolétaire en yiddish, a été d'une grande influence et est encore tiré aujourd'hui à 170 000 exemplaires. Les efforts du Parti socialiste portèrent leurs fruits lorsque Meyer London fut élu au Congrès en 1914, et de nouveau en 1918, lorsque trois représentants socialistes furent élus. [...]

Les intellectuels immigrés amenèrent avec eux leur avidité de culture typique du Vieux Monde et leur influence sur le Lower East Side procura à des milliers de personnes leur premier contact avec l'art et la littérature. L'heure du déjeuner dans une usine de vêtements offrait le spectacle d'ouvriers plongés dans Tolstoï, Kropotkine ou Heine. Maeterlinck, Hauptmann, Sudermann, Gorki et d'autres dramaturges européens eurent leur première américaine montée dans le ghetto. Et tandis que Broadway recevait Ibsen froidement, l'East Side applaudissait à tout rompre Nazimova dans *Revenants*. Le ghetto a aussi produit une remarquable littérature juive de son cru, reflétant la plupart du temps la dure vie des *sweatshops* et des taudis. [...] Les deux livres en anglais probablement les plus lus à propos de l'East Side écrits par des natifs de l'endroit sont le roman d'Abraham Cahan, *Rise of David Levinsky* (1917), et le récit autobiographique de Michael Gold, *Jews Without Money* (1930). [...]

Les sculpteurs Jo Davidson et Jacob Epstein, ainsi que le peintre Max Weber sont de l'East Side, de même que des dizaines de plus jeunes artistes dont les œuvres ont obtenu une large renommée. Le jazz doit beaucoup à ce secteur où Ira Gershwin et Irving Berlin ont fait leurs débuts. Le type d'humour crépitant de bons mots, de même que quantité de vocables de la langue courante sont originaires du Lower East Side. Des expressions telles que *gabfest* (soirée bavardage entre amis), *plunderbund*

* Puissant club politique englobant toute l'organisation démocrate de Manhattan et dont les chefs étaient des professionnels de l'affairisme.

(ligue d'intérêts commerciaux, politiques et financiers qui se livrent au pillage public), *bum* (clodo), *dumb* (stupide), viennent de l'allemand ; les Juifs ont contribué à créer des mots comme *kibitzer* («observateur» d'un jeu d'échecs ou autre, qui importune les joueurs de ses conseils), *kosher* (casher), *mazuma* (pognon) ; et de l'irlandais, on a *shillelagh* (batte de base-ball en argot sportif), *ballyhoo* (battage publicitaire) et *shebang* (bazar, boutique). L'univers du quartier a influencé les vedettes de music-hall, du théâtre et de l'écran : Jimmy Durante, Al Jolson, Eddie Cantor, Fannie Brice et les Marx Brothers. Les quotas d'immigration du début des années vingt entraînèrent un grand changement dans le secteur. Privée de l'apport de nouveaux arrivants, la population fondit de plus de 500 000 en 1920 à moins de 250 000 habitants en 1938. La valeur de l'immobilier baissa et beaucoup des immeubles insalubres cessèrent d'être rentables. Certains furent condamnés et démolis laissant des terrains vagues utilisés comme aires de jeux. La construction des ponts Williamsburg et Manhattan (inaugurés respectivement en 1903 et 1909) ouvrit de larges percées dans l'amas d'habitations. […]

Mais à travers la plus grande partie du quartier, la touffeur de l'été pousse toujours les East Siders aux fenêtres et aux escaliers extérieurs de leurs logements mal ventilés, vers les quais qui bordent le fleuve ou dans les rues puantes et noires de mondes où des enfants à moitié nus se rafraîchissent aux jets des bouches d'incendie. L'hiver, les commerçants en sous-sol vendent du charbon et du petit bois en minuscules portions pour les poêles des appartements sans chauffage ni eau chaude. En 1939 un projet de construction de logements sociaux pour le Lower East Side d'un montant de 19 500 000 dollars financé par l'Etat fédéral est à l'étude. D'autres changements se profilent et il se pourrait même que les marchands ambulants se retrouvent dans des marchés couverts dignes de ce nom. Mais les *tenements*, qui ont constitué le foyer de tant de générations, resteront probablement celui de bien d'autres. Etayés par de grandes poutres le long de leurs murs qui font le ventre, ou bien déserts et tombant en ruines, ils ont toujours un air de défi. Les taudis ont la peau dure.

Federal Writers' Project Guide to 1930s New York,
Random House, 1939,
Pantheon Books, 1982,
Traduction Cécile Bloc-Rodot

Histoire de l'immigrant

Née à New York en 1922, Grace Paley fait partie de cette génération qui a tiré les bénéfices de l'immigration de leurs parents… tout en héritant de leur douleur. Le conflit entre l'optique « rose » et l'optique « noire » sur l'immigration est illustré dans ce texte, ces deux visions étant par essence indissociables.

Jack m'a demandé :

– Grandir à l'ombre de la souffrance de quelqu'un, tu ne trouves pas cela affreux ?

– Si, bien sûr, ai-je répondu. Mais moi, j'ai grandi sous le soleil d'été de la promotion sociale. Notre souffrance ancestrale et ses ténèbres n'y ont pas résisté.

Il a continué à parler de sa vie :

– Dans ce cas-là on n'est pas coupable. Même si on a un caractère de chien, on n'y peut rien, on est quand même en colère. Une rage continuelle ou bien l'asile, il n'y a pas d'autre issue.

– Cette fameuse souffrance n'est peut-être qu'une conséquence de l'histoire ? ai-je demandé.

– Une conséquence de la cruelle histoire de l'Europe, a-t-il dit, faisant ainsi preuve de respect et d'ironie pour un de mes thèmes bien connus.

– Face à une telle cruauté, le monde entier devrait être contre l'Europe, Jack, et finalement avec elle, parce qu'après un millier d'années, elle a peut-être acquis un peu de bon sens.

– C'est un non-sens, a-t-il dit, objectif. Au bout de mille ans de cruauté arrogante, continue et agressive, tu n'as plus que des ennemis et si ta seule arme, c'est un peu de bon sens, qu'est-ce que tu peux faire ?

– Cher ami, nul ne connaît la force du bon sens. On ne l'a jamais suffisamment exploité ni expérimenté. […] Je crois voir le monde aussi clairement que toi, ai-je dit. Mais ce n'est pas pire de le voir en rose que tristement gris.

– Oui oui oui oui oui oui, a-t-il dit. Je te demande juste de m'écouter si cela ne t'ennuie pas :

Mon père et ma mère venaient d'une petite ville de Pologne. Ils avaient trois fils. Mon père décida d'aller en Amérique pour : 1. Eviter l'armée ; 2. Eviter la prison ; 3. Epargner à ses enfants la guerre quotidienne et les pogroms ordinaires. Grâce aux économies d'oncles, de grand-mères, il partit avec des centaines de milliers d'autres cette année là. En Amérique, à New York, il connut une vie difficile mais pleine d'espoir. Quelquefois il allait se promener rue Delancey… Quelquefois, il allait en célibataire au théâtre sur la 2e Avenue. Surtout, il mettait de l'argent de côté, pour le jour où il pourrait faire venir sa femme et ses enfants. Pendant ce temps, en Pologne, la famine frappa. Non pas la faim que tous les Américains connaissent six à sept fois par jour, mais la famine qui oblige le corps à se consumer lui-même. D'abord, la graisse, puis la chair, le muscle et puis le sang. La famine n'a pas tardé à dévorer le corps des petits garçons. Mon père alla chercher ma mère au bateau. Il a regardé son visage, ses mains. Elle n'avait pas de bébé dans les bras ni d'enfant accroché à ses jupes. Elle n'avait plus ses deux longues nattes noires. A leur place, il y avait un mouchoir sur une perruque foncée, drue comme du crin ; elle s'était rasé la tête en signe de deuil, comme une jeune mariée orthodoxe rétrograde, alors que tous deux avaient été des socialistes progressistes convaincus, comme la plupart des jeunes de leur ville. Il l'a prise par la main et l'a amenée à la maison. Ils ne sont jamais allés où que ce soit l'un sans l'autre, sauf au travail ou à l'épicerie. A table, ils se tenaient la main, même pour le petit déjeuner. Quelquefois il lui tapotait la main, quelquefois elle lui tapotait la sienne. Il lui lisait le journal tous les soirs.

Ils sont assis sur le rebord de leur chaise. Penché en avant sous la vieille ampoule électrique, il lui fait la lecture. Parfois elle sourit, à peine. Alors, il pose le journal et lui prend les deux mains comme pour les réchauffer. Il continue à lire. Juste au-delà de leurs têtes, il y a l'obscurité de la cuisine, de la chambre, de la salle à manger, cette pénombre où, enfant, j'avalais mon dîner, faisais mes devoirs et allais me coucher.

Grace Paley,
« Histoire de l'immigrant »,
in *Enormes Changements de dernière minute*,
Editions Recherches, 1982

In memoriam

L'incendie de la Triangle, le 25 mars 1911, fut l'une des pires catastrophes que New York ait connues. « Enquêtes, protestations, disculpations : rien ne pouvait endiguer la peine de l'East Side… Les corps calcinés évoquaient une douleur infinie, des souvenirs d'autres bûchers », rapporte l'historien Irving Howe. Cette tragédie entraîna toutefois une refonte salutaire du code du travail.

L'incendie de la Triangle

Hier après-midi, 16 h 15 : un incendie dont l'origine ne sera peut-être jamais établie avec certitude est signalé à l'arrière du huitième des dix étages de l'immeuble situé à l'angle nord-ouest de Washington Place et de Greene Street, dont les trois derniers étages hébergent les ateliers de la Triangle Waist Company. Ce matin, 2 heures : le capitaine des pompiers Croker estimait le total des morts à 154. Plus d'un tiers desquels ont perdu la vie en sautant par les fenêtres. Les pompiers, qui ont répondu à la première des quatre alarmes déclenchées, trouvèrent à leur arrivée trente corps étendus sur les chaussées de Washington Place et de Greene Street. […] Des hommes et des femmes, des garçons et des filles constituaient les morts qui jonchaient la rue ; le mot n'est pas trop fort : les chaussées en étaient littéralement jonchées. Le feu se déclara au huitième étage. Les flammes attaquèrent et

envahirent les deux niveaux supérieurs, tous trois étages étant occupés par la Triangle Waist Company. Le capitaine Croker estime le nombre des employés présents au moment du drame à environ un millier. […]

Tragiquement inadéquat était l'escalier de secours, une malheureuse échelle plongeant dans une cour étroite (complètement enfumée tandis que l'incendie faisait rage) à laquelle on ne pouvait accéder que par une seule porte étroite. Par dizaines ils luttèrent, se débattirent, respirèrent du feu et moururent dans leur effort pour atteindre cette issue en chas d'aiguille vers leur salut. […] Par un funeste concours de circonstances, ce jour de printemps ne fit qu'attiser l'incendie. Un grand nombre de fenêtres donnant au sud étaient ouvertes, laissant le champ libre aux courants d'air. Les experts affirment que chacun des trois étages a dû se transformer en un tourbillon de feu. […] Le bâtiment dans lequel se déroula cette immense tragédie était ignifugé. Hormis les trois rangées de fenêtres noircies aux étages supérieurs, on aurait à peine pu dire où l'incendie avait eu lieu. Les murs résistèrent fermement. Une mince langue de flamme venait de temps à autre lécher le cadre d'une fenêtre. Sur un rebord de fenêtre du neuvième étage, deux jeunes filles, debout, observaient en silence l'arrivée du premier dispositif de secours. Par deux fois l'une des filles s'apprêta à sauter. L'autre l'en empêcha, ce qui la fit vaciller sur son appui. Elles regardèrent les pompiers appuyer les échelles contre le mur. Elles virent la dernière échelle hissée et mise en place. Elles virent que celle-ci n'atteignait que le septième étage. Pour la troisième fois, la plus effrayée des jeunes filles tenta de s'élancer. Les cloches de véhicules de secours supplémentaires arrivant sur les lieux durent leur parvenir. L'autre fille gesticula en direction des sons. Mais elle s'adressait à des oreilles qui ne pouvaient plus entendre. Se tournant à peine, sa compagne plongea la tête la première dans le vide. L'autre jeune fille se redressa. La foule dans la rue tendait les bras vers elle, la suppliant de ne pas sauter. Elle fit un geste de la main en regardant vers le bas, comme pour assurer qu'elle demeurerait courageuse. Mais une flamme effilée pointa à travers la fenêtre et toucha ses cheveux. En un instant, ceux-ci n'étaient plus qu'une torche. Elle tira de toutes ses forces sur ses cheveux enflammés, perdit l'équilibre, et vint s'écraser sur le monceau de cadavres en contrebas. Des fenêtres d'en face, les spectateurs du drame virent à plusieurs reprises des fraternités poignantes se former à l'instant de la mort, des jeunes filles s'enlaçant l'une l'autre au moment de sauter. Dans bien des cas, leurs vêtements ou leur chevelure flambaient au cours de leur chute. A huit heures, le stock des cercueils disponibles était épuisé et ceux déjà utilisés commencèrent à revenir de la morgue. A cette heure, on descendait les corps au rythme d'un par minute et le nombre des fourgons de police devint insuffisant, si bien que quatre, parfois six cercueils y étaient chargés d'un coup. Les uns après les autres, tout au long de la nuit, les policiers et employés de la morgue même les plus expérimentés œuvrant sous le doigt mobile du projecteur furent dépassés par l'horreur de leur tâche. Les équipes furent intégralement renouvelées pas moins de trois fois.

«The Triangle Fire»,
in *New York World*, 26 mars 1911.
Traduction Cécile Bloc-Rodot

Carnaval et gueule de bois

Dès son arrivée à New York en 1920, F. Scott Fitzgerald devint la coqueluche d'une ville avide de jeunesse et d'excentricité. La haute société se jetait dans les plaisirs, l'argent abondait et se dilapidait dans l'excès. La liesse dura dix ans – une décennie qui, selon Fitzgerald, « comme si elle craignait de mourir démodée dans son lit, plongea vers une mort spectaculaire en octobre 1929 ». De ce saut de la mort, New York et l'Amérique ne se relevèrent qu'après la Deuxième Guerre mondiale.

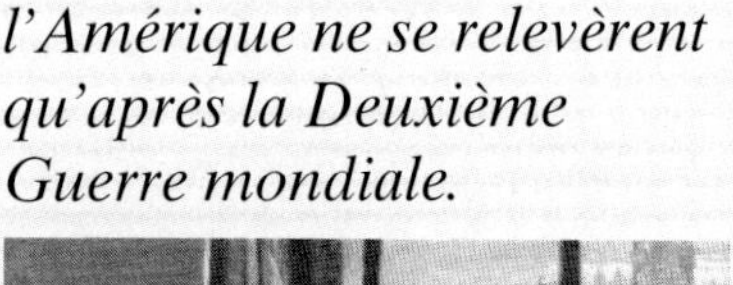

Echos du « jazz age »

En 1924, Fitzgerald se sentait déjà « daté » ; il partit pour l'Europe et retrouva New York en 1927, à l'heure où « une névrose générale commençait à devenir évidente ». Il se remémore ce paroxysme décadent des années folles comme l'annonce du désastre à venir.

Il se passa trois ans avant que je revoie New York. Alors que le paquebot remontait le fleuve en silence, la ville éclata orageusement sur nous dans le soir tombant, le glacier blanc de la pointe de Manhattan plongeant comme le cordage d'un pont pour s'élever à nouveau au nord de Manhattan, un miracle de lumière écumeuse suspendu aux étoiles. Un orchestre se mit à jouer sur le pont, mais la majesté de la ville en rendait l'hymne aigre et trivial. Dès cet instant, je sus que New York, aussi souvent que je m'en éloigne, était mon chez moi.

Le tempo de la ville avait radicalement changé. Les incertitudes de 1920 étaient noyées dans un grondement doré ininterrompu et nombre de nos amis étaient devenus riches. Mais l'agitation de New York en 1927 touchait à l'hystérie. Les fêtes étaient plus grandes – celles de Condé Nast*, par exemple, rivalisaient à leur manière avec les bals mémorables des années 1890 – le rythme de vie était plus rapide, le soin apporté au service de la dissipation volait la vedette à Paris ; les spectacles étaient plus fastueux, les immeubles plus hauts, les mœurs plus débraillées et l'alcool meilleur marché ; mais tous ces avantages ne procuraient pas vraiment beaucoup de joie de vivre. Les jeunes gens s'usaient précocement ; ils étaient durs et languissants à vingt et un ans et […] aucun d'eux ne contribuèrent à quoi que ce soit de neuf. […] Nombre de personnes qui n'étaient pas alcooliques étaient éméchées quatre jours sur sept, et partout les nerfs étaient à vifs ; les groupes se maintenaient soudés par la grâce d'une surexcitation générique et la gueule de bois devint un moment de la journée aussi sacré que la sieste en Espagne. La plupart de mes amis buvaient trop – plus ils étaient dans le vent, plus ils buvaient.

Et comme l'effort en soi n'avait aucune dignité face au trésor pur et simple de ces jours à New York, on le désigna d'un mot péjoratif : un plan d'action réussi devint un « racket » ; j'étais dans le racket littéraire.

Nous nous installâmes à quelques heures de New York et je m'aperçus qu'à chaque fois que je venais en ville je me retrouvais pris dans un enchaînement d'impondérables qui me déposait quelques jours plus tard, passablement épuisé, dans un train pour Delaware. Des portions entières de la ville étaient devenues assez délétères, mais je trouvai invariablement un instant de paix absolue en traversant Central Park en voiture, à la nuit tombée, vers le sud où la façade de la 59e Rue projette ses lumières à travers les arbres. Là réapparaissait ma ville perdue, fraîchement enveloppée de mystère et de promesse. Mais ce détachement ne durait jamais longtemps ; tout comme le travailleur doit vivre dans le ventre de la ville, je me trouvais obligé de vivre dans son esprit désordonné. […]

La présence des *speakeasies* et de Park Avenue se faisait de plus en plus sentir. Au cours de cette décennie, Greenwich Village, Washington Square, Murray Hill, les « châteaux » de la 5e Avenue ** avaient en quelque sorte disparu, ou cessé de signifier quoi que ce soit. La ville était boursouflée, fanée, abrutie de gâteries et de jeux, et une

nouvelle expression, « Ah ouais ? », résumait tout l'enthousiasme suscité à l'annonce des derniers super-gratte-ciel. Mon coiffeur prit sa retraite sur un pari d'un demi-million de dollars en bourse et j'avais conscience que les serveurs en chef qui me saluaient – ou manquaient de me saluer – en m'indiquant ma table étaient bien, bien plus riches que moi. Ce n'était pas amusant – à nouveau, j'en avais assez de New York. Quel plaisir de se retrouver sur le bateau, où la fête perpétuelle se continuait au bar, embarqué pour les ruineuses tables de jeu de France !

F. Scott Fitzgerald,
« My Lost City », in *The Crack-Up*,
New Directions, 1945

* Propriétaire des magazines *Vogue* et *Vanity Fair*, entre autres.

** Les quartiers traditionnellement chics de New York. Fitzgerald évoque le mouvement des classes aisées vers le nord de Manhattan au cours des années 1920.

New York pendant la Dépression

Nulle part la grande crise n'aura frappé aussi fort que dans la plus grande ville d'Amérique.

New York en 1932, c'était des gratte-ciel à moitié construits, leur ouvrage interrompu depuis longtemps par manque de fonds, défiant la ville de regards furieux à travers leurs fenêtres sans vitres. C'était des ménagères fouillant sous l'étal des marchands ambulants pour récupérer quelques légumes. C'était des foules entières rassemblées autour des décharges de Riverside Park et fondant dessus à chaque nouvel arrivage, fouillant les tas d'ordures avec des bâtons ou à main nue dans l'espoir de dénicher des restes de nourriture. New York, c'était les soupes populaires opérées de l'arrière de camions militaires à Times Square. C'était ces hommes, certains en élégant manteau Chesterfield et feutre mou, qui faisaient la queue aux soupes populaires, les épaules rentrées et les yeux rivés au trottoir. New York, c'était la file d'attente pour le pain quotidien, « le vers de terre qui marche comme un humain ». New York, c'était le facteur qui vous remettait la lettre recommandée que vous saviez tous deux être l'avis d'expulsion. C'était les longues queues qui se formaient l'après-midi aux bureaux de logement social de la ville, et c'était la course désespérée des hommes refusés vers les bars du coins qui autorisaient les consommateurs ne serait-ce que d'une seule boisson à dormir par terre tant qu'il y avait de la place. Les souterrains de métro étaient en réalité des dortoirs, et lorsque les patrouilles de police parcouraient le quai en donnant du bâton dans les semelles, les hommes couchés là se levaient sans une protestation, chacun repliant soigneusement sa paillasse de papier journal, se traînaient dans une rame et descendaient à la station suivante où ils redépliaient leurs journaux et se recouchaient.

Des 29 000 entreprises manufacturières de New York, plus de 10 000 avaient fermé leurs portes. Près d'une personne employable sur trois dans la ville avait perdu son travail. Selon les estimations, environ 1 600 000 New-Yorkais recevaient une forme ou une autre d'aide publique. Nombre de ces chanceux qui avaient conservé leur travail étaient « sous-employés », un euphémisme signifiant qu'ils travaillaient deux ou trois jours par semaine ou deux semaines par mois, ou bien, s'ils travaillaient à plein temps, qu'on ne les payait qu'une fraction de leur ancien salaire ; des dactylos qui gagnaient 35 ou 40 dollars par semaine en 1928 faisaient

en moyenne 16 dollars en 1933 ; le grand magasin Woolworth payait ses vendeuses à plein temps 7 dollars par semaine. Les parents se privaient pour leurs enfants – et nombre d'entre eux, arrivé décembre 1932, avaient du mal à se rappeler un temps où ils ne s'étaient pas privés – mais les économies de bouts de chandelles ne faisaient que préparer à l'inévitable. Il y avait de la viande dans les assiettes deux fois par semaine, puis une fois, puis plus du tout. Ensuite, il n'y avait plus d'œufs. Les parents pouvaient bien faire sentir comme un privilège à leurs enfants de ne plus avoir à boire de lait et de prendre du café comme les grands, mais les déficiences alimentaires firent des dégâts. « On peut voir un réel changement par rapport au passé », commentait un instituteur. « Les enfants n'ont pas d'allant ; on dirait que ces gosses ne sont plus les mêmes que ce qu'ils étaient il y a un an. » Ils semblaient fatigués ; ils semblaient ne plus apprendre aussi vite. Comme le remarquait une infirmière scolaire : « Quand on entre dans une classe, on remarque une expression différente sur [leurs] visages… Une apparence tendue, anxieuse, qui n'est pas normale du tout chez des enfants. »

Parfois, ce qui restait caché aux observateurs extérieurs était ce qu'il y avait de pire. Les enseignants ne voyaient pas les enfants des familles les plus pauvres ; ceux-ci avaient abandonné l'école parce qu'ils n'avaient pas d'argent pour leur transport, leur déjeuner ou pour des vêtements convenables. Le personnel des dispensaires gratuits de la ville trouvait encourageant que le nombre de cas de malnutrition à traiter n'augmente que progressivement (bien qu'en 1934, l'ensemble de ces cas en fût arrivé à constituer soixante pour cent du travail du dispensaire). Puis on se rendit compte qu'une bonne partie de ceux qui souffraient de malnutrition ne s'adressaient tout simplement pas aux dispensaires parce qu'ils savaient parfaitement ce qui n'allait pas et savaient aussi que le dispensaire ne pourrait rien y faire. Et personne ne pouvait voir un état d'esprit ; tout ce qu'on pouvait faire, c'était essayer de le décrire, comme le fit Martha Gellhorn : « On aurait dit que se propageait partout une certaine apathie, un abattement de vaincus… Je les trouve tous habités par la même chose – la peur, la peur… une insurmontable terreur de l'avenir. »

Robert A. Caro, *The Powerbroker : Robert Moses and the Fall of New York*, Alfred A. Knopf, 1974, Traductions Cécile Bloc-Rodot

Au-delà du miroir

Né en 1924 et élevé à Harlem, James Baldwin fut, après une brève carrière de prédicateur, l'un des premiers écrivains noirs à créer, avec une éloquence féroce, son propre dialogue avec l'Amérique blanche. Malcolm X, lui, était bien plus radical et réducteur dans sa condamnation des Blancs, mais son portrait de Harlem dans les années 1940 n'est ni excessif, ni sentimental. Tous deux évoquent cette ville flamboyante, drôle et sombre au-delà de la ligne de démarcation de couleur.

Réflexions en noir et blanc

Le 29 juillet 1943 mon père mourait. Le même jour, quelques heures plus tard, son dernier enfant venait au monde. Un peu plus d'un mois auparavant, alors que nous avions bandé toute notre énergie dans l'attente de ces événements, l'une des émeutes raciales les plus sanglantes du siècle avait eu lieu à Detroit. La cérémonie célébrée dans la chapelle ardente où reposait le corps de mon père s'achevait à peine qu'une nouvelle émeute éclatait à Harlem. Dans la matinée du 3 août, pour l'accompagner au cimetière, nous dûmes traverser un véritable désert jonché de débris de verre.

Le jour des funérailles était aussi celui de mon dix-neuvième anniversaire. De part et d'autre du cortège s'étalaient les décombres de l'injustice, de l'anarchie, du mécontentement et de la haine. J'avais l'impression que pour marquer la mort de mon père Dieu lui-même avait orchestré un interminable cri brutal et discordant. Il me semblait aussi que la violence qui s'était déchaînée autour de nous au moment où il quittait ce monde était destinée à rabattre l'orgueil de son fils aîné. […] J'en étais venu aussi à éprouver un certain mépris pour la façon dont vivait mon père, pour celle dont nous vivions nous-mêmes. Après sa mort je commençai à me poser des questions sur ce qu'avait été sa vie et à percevoir également la mienne sous un jour nouveau.

Je ne l'avais pas très bien connu. Nous nous étions mal entendus, en partie parce que nous avions tous les deux, chacun à notre façon, la même orgueilleuse obstination. Après sa mort,

James Baldwin.

je me rendis compte que je ne lui avais pratiquement jamais parlé. Au bout d'un certain temps je commençai à en éprouver du regret. Il semble que ce soit une des particularités de la vie en Amérique (ce pays où l'on a plus d'opportunités – vraies ou imaginaires – que partout ailleurs dans le monde) : la deuxième génération n'y a jamais le temps de parler à la première.

Personne, lui compris, ne semble avoir connu son âge exact, mais sa mère avait dû naître au temps de l'esclavage. Il appartenait à la première génération d'hommes libres. En compagnie de milliers d'autres Noirs il avait gagné le Nord après 1919 et moi j'appartenais à cette génération qui n'avait jamais vu les paysages de ce que nos anciens appellent parfois le « Vieux Pays ».

Il était né à La Nouvelle-Orléans et s'y trouvait, tout jeune encore, à l'époque où Louis Armstrong était garçon de courses dans les bouges et les bastringues de cette ville que l'on m'avait toujours présentée comme un lieu de perdition. […]

C'était un très bel homme, si j'en juge d'après les photographies et quelques souvenirs qui le montrent, à l'époque où j'étais encore enfant, partant faire un de ses sermons revêtu de ses habits du dimanche. Beau, orgueilleux et « plus renfermé qu'un ongle incarné » disait quelqu'un. Mais plus je grandissais plus il ressemblait à ces gravures qui représentaient des chefs de tribus africaines ; on l'imaginait aisément debout parmi ses guerriers, nu, le visage peint et couvert d'amulettes. Il pouvait être glaçant en chaire et d'une cruauté indescriptible dans sa vie privée ; c'est certainement l'homme le plus aigri qu'il m'ait été donné de rencontrer. Il faut ajouter pourtant qu'il y avait en lui, tout au fond de lui, une autre chose qui lui donnait une puissance extraordinaire et même un charme assez irrésistible. C'était, je crois, quelque chose qui tenait à sa couleur (il était très noir), à sa beauté aussi et surtout au fait qu'il savait qu'il était noir, mais ignorait qu'il était beau. Il prétendait être fier de la couleur de sa peau qui pourtant lui avait causé bien des humiliations et avait imposé à sa vie de tristes limites. Nous étions déjà grands alors que lui n'était plus très jeune et avait subi de nombreux désastres. […] D'après le peu que j'ai pu apprendre sur ses débuts dans la vie, il semble qu'il ait été profondément marqué par la difficulté qu'il avait à entrer en contact avec les autres ; c'est sans doute une des raisons qui l'avait poussé à quitter La Nouvelle-Orléans. Il y avait donc en lui une espèce de velléité tâtonnante qui ne s'exprima jamais et que l'on porta en terre avec lui. On l'apercevait très nettement lorsqu'il se trouvait devant des inconnus et s'efforçait de les impressionner favorablement. Mais il n'y réussissait jamais, pas pour longtemps en tout cas. Nous abandonnions une secte pour en choisir une autre plus misérable et plus invraisemblable encore ; on faisait de moins en moins appel à lui comme prédicateur et, lorsqu'il mourut, il y avait bien longtemps qu'aucun de ses amis n'était venu le voir. Il avait vécu et il était mort l'âme remplie d'une intolérable amertume et je sentais une crainte m'envahir en l'accompagnant au cimetière par ces rues inquiètes, jonchées de décombres – une crainte inspirée par la puissance et le débordement de cette amertume et par la certitude que, désormais, elle serait aussi la mienne.

James Baldwin,
« Réflexions en noir et blanc »,
in *Chronique d'un pays natal*,
Gallimard, Paris, 1973

Le choc de Harlem

Les cuisiniers m'emmenèrent à Harlem en taxi. La New York blanche défila comme un décor de cinéma puis, brusquement, une fois dépassée la limite supérieure de Central Park, à la 110e Rue, la couleur de peau des gens se mit à changer.

La très animée 7e Avenue passait devant un endroit appelé Small's Paradise. L'équipe m'avait dit avant notre départ de Boston que c'était leur lieu nocturne préféré à Harlem, et m'avait conseillé de ne pas le rater. Aucun établissement noir ne m'a jamais impressionné à ce point. Autour d'un grand comptoir circulaire d'apparence luxueuse se trouvaient trente ou quarante Noirs, des hommes pour la plupart, en train de boire et de parler.

Je fus frappé d'abord, je crois, par leurs vêtements classiques et leurs bonnes manières. Partout où j'avais vu ne serait-ce que dix Noirs ensemble en train de boire, il y avait un sacré boucan. Mais tous ces hommes de Harlem buvant et causant ne produisaient rien qu'un murmure assourdi. Les clients allaient et venaient. Les barmen connaissaient la boisson accoutumée de la plupart d'entre eux et la servaient automatiquement. A certains on sortait une bouteille particulière.

Tous les Noirs que j'avais connus mettaient un point d'honneur à épater la galerie avec leur argent, lorsqu'ils en avaient. Mais ces Noirs de Harlem posaient tranquillement un billet sur le comptoir. Ils buvaient. D'un signe de la tête nonchalant au barman ils lui signifiaient de remplir un verre, pour un ami, tandis que les barmen, aussi maîtrisés que n'importe quel client, n'arrêtaient pas de rendre la monnaie sur les consommations au comptoir. Leurs manières élégantes semblaient naturelles; il n'y avait aucune trace d'affectation. J'étais bluffé. Dans l'espace de mes cinq premières minutes à Small's, j'avais quitté Boston et Roxbury pour toujours.

Je ne savais pas alors que cette clientèle n'était pas ce qu'on pourrait appeler des Noirs de Harlem moyens. Plus tard, dès cette nuit-même, j'allais découvrir que Harlem comprenait des centaines de milliers de Noirs aussi bruyants et criards que des Noirs de n'importe où. Mais ceux-ci étaient la crème des truands les plus âgés et expérimentés de Harlem. La journée de paris mutuels clandestins était terminée. Le flambe nocturne et les autres formes d'arnaque n'avaient pas encore commencé. La foule habituelle du soir, employée le jour à des boulots réguliers, était à la maison pour dîner. Tout ce que Harlem comptait d'escrocs et de proxénètes se retrouvait donc généralement entre eux à cette heure, pour leur messe quotidienne de six heures dans leurs bars favoris.

De Small's je pris un taxi pour l'Apollo Theater. […] De là, je vis, de l'autre côté de la 125e Rue, au niveau de la 7e Avenue, le grand immeuble gris de l'hôtel Theresa. C'était le plus bel hôtel de New York dans lequel les Noirs puissent descendre à l'époque, des années avant que les hôtels du reste de la ville acceptent un homme noir. L'hôtel Braddock était juste une rue plus haut, sur la 126e, près de l'entrée des artistes de l'Apollo. Je savais que son bar était fameux comme repaire de célébrités noires. J'y entrai et remarquai, le long du comptoir surpeuplé, des stars aussi connues que Dizzy Gillespie, Billy Eckstine, Billie Holiday, Ella Fitzgerald et Dinah Washington.

Alors que Dinah Washington s'en

Meeting à Harlem dans les années 50.

allait avec quelques amis, j'entendis qu'elle se dirigeait vers le Savoy Ballroom où Lionel Hampton se produisait ce soir-là – elle était alors la chanteuse de Hamp. Le Savoy faisait paraître le Roseland de Boston petit et minable en comparaison. Et le jitterbug qu'on y dansait était en rapport avec la taille et l'élégance de l'endroit. La formation musclée de Hampton soutenait un rythme effréné grâce à ses grands partenaires – Arnett Cobb, Illinois Jacquet, Dexter Gordon, Alvin Hayse, Joe Newman et George Jenkins. Je fis quelques tours de danse avec des filles assises autour de la piste.

Un tiers environ des loges bordant la piste était occupé par des Blancs, qui généralement regardaient les Noirs danser ; mais certains dansaient entre eux et, comme à Boston, quelques Blanches étaient avec des Noirs. Le public n'arrêtait pas de crier pour que Hamp joue « Flying Home », et celui-ci finalement obtempéra. [...] Je n'avais jamais vu une danse aussi enfiévrée. Après qu'un ou deux slows eurent calmé la salle, on introduisit Dinah Washington. Lorsqu'elle entama « Salty Papa Blues », tout ce monde fit presque sauter le toit du Savoy. [...]

Harlem était maintenant officiellement interdit aux militaires blancs. Il y avait déjà eu des agressions et des vols, et plusieurs jeunes recrues blanches avaient été trouvées assassinées. La police essayait aussi de dissuader les civils blancs de s'aventurer à Harlem mais ceux qui y tenaient continuaient à venir. Tous les hommes sans femme à leur bras étaient « travaillé » par les prostituées. « Baby, un peu d'bon temps ? » Les maquereaux s'approchaient en catimini, susurrant : « Toutes sortes de femmes, Jack – tu veux une Blanche ? » Et les trafiquants faisaient la retape : « Bague de mille dollars, mec, diamants ; montre de quatre-vingt-dix – regarde-les. T'emporte les deux pour vingt-cinq. »

Un an ou deux plus tard, j'aurais pu leur donner à tous des leçons. Mais cette nuit-là, j'étais ensorcelé. Ce monde était celui auquel j'appartenais. Cette nuit marquait le début du cheminement qui allait faire de moi un gars de Harlem. J'allais devenir l'un des truands parasites les plus dépravés des huit millions d'habitants de New York – dont quatre millions travaillent, et les quatre autres vivent à leurs crochets.

The Autobiography of Malcolm X, 1964,
as told by Alex Haley and Malcolm X,
Traduction Cécile Bloc-Rodot

L'œil sur la ville

Scrutant les lignes de la ville ou celles des visages, l'architecte Rem Koolhaas et la photographe Diane Arbus tentent, chacun à leur manière, de décrypter le sens du « spectacle » de New York. En une poésie exaspérante de laideur et de beauté, de gloire et de détresse, la ville s'exhibe, choque et raconte une étrange histoire.

New York du délire

*Avec son essai iconoclaste sur l'urbanisme de New York (*New York Délire*, 1978), l'architecte hollandais Rem Koolhaas s'est affirmé comme l'un des théoriciens majeurs de la mégapole du XXe siècle.*

MANIFESTE

Comment écrire un manifeste d'urbanisme pour la fin du XXe siècle, dans une époque qui a la nausée des manifestes ?

Les manifestes pèchent fondamentalement par leur manque de preuves.

Le problème de Manhattan se pose en termes exactement inverses : c'est une montagne de preuves sans manifeste.

Face à cette double constatation, le présent ouvrage a été conçu comme *le manifeste rétroactif de Manhattan*.

Manhattan est la pierre de Rosette du XXe siècle.

Madelon Vriesendorp, *Flagrant Délit*

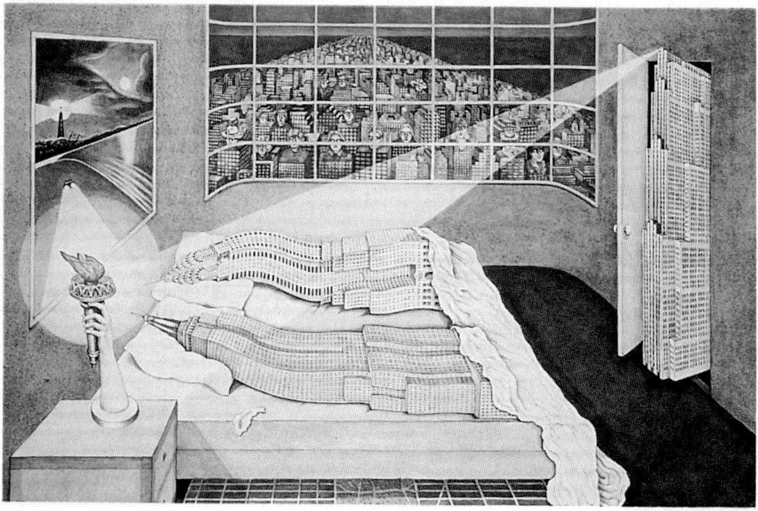

Non seulement de larges fractions de sa surface sont occupées par des mutations architecturales (Central Park, le gratte-ciel), des fragments utopiques (Rockefeller Center, le bâtiment des Nations unies) et des phénomènes irrationnels (Radio City Music Hall), mais, de plus, chacun de ses blocs est formé de strates d'architectures fantômes reflétant les occupations passées, les projets avortés et les fantasmes populaires qui fournissent une imagerie seconde au New York de la réalité.

Entre 1890 et 1940, une nouvelle culture (l'ère de la Machine) choisit Manhattan comme laboratoire : île mythique où l'invention et l'expérience d'un mode de vie métropolitain et de l'architecture qui lui correspond peuvent se poursuivre comme une expérimentation collective qui transforme la ville tout entière en usine de l'artificiel, où le naturel et le réel ont cessé d'exister. Le présent livre est une interprétation de ce Manhattan-là, une interprétation qui confère à ses épisodes apparemment discontinus, voire irréconciliables, un certain degré de logique et de cohérence, une interprétation qui entend désigner en Manhattan le produit d'une théorie informulée, le *manhattanisme*, dont le programme : exister dans un monde totalement fabriqué par l'homme, c'est-à-dire vivre *à l'intérieur* du fantasme, était d'une ambition telle que pour se réaliser il lui fallait renoncer à toute énonciation explicite.

EXTASE

Si Manhattan est encore à la recherche de sa théorie, l'explicitation de cette théorie devrait livrer la formule d'une architecture qui est tout à la fois ambitieuse et populaire.

Manhattan a engendré une architecture désinhibée qui a su se faire aimer par la vertu même de son narcissisme provocant, se faire respecter précisément pour son manque total de retenue.

Manhattan a toujours inspiré à ses spectateurs *une extase devant l'architecture*.

En dépit ou, peut-être, en raison de ce phénomène, l'exemplarité de Manhattan et ses conséquences ont été systématiquement ignorées, et même occultées, par la profession architecturale.

DENSITÉ

Comme urbanisme, le manhattanisme est la seule idéologie qui se soit nourrie dès le départ de la splendeur et de la misère de la condition métropolitaine – l'hyperdensité – sans jamais cesser de croire en elle comme seul fondement d'une culture moderne souhaitable. *L'architecture de Manhattan est le paradigme de l'exploitation de la densité.* La formulation rétroactive du programme de Manhattan est une opération polémique.

Elle met en évidence certaines stratégies, certaines innovations et certains théorèmes qui non seulement confèrent logique et ordre à l'existence passée de la ville, mais dont la validité toujours actuelle constitue en soi un argument en faveur d'un renouveau du manhattanisme, cette fois-ci en tant que doctrine explicite, capable de transcender ses origines insulaires pour revendiquer sa place parmi les urbanismes contemporains.

A travers l'image de Manhattan, ce livre se veut un plan pour une *culture de la congestion*. […]

PLAN

Un plan ne prédit pas les fissures qui apparaîtront par la suite; il décrit un état idéal que l'on peut seulement approcher.

De la même manière, ce livre décrit un *Manhattan théorique*, un *Manhattan comme conjecture*, dont la ville actuelle n'est que le compromis et l'imparfaite réalisation. Des divers épisodes de l'urbanisme manhattanien, il a choisi de retenir uniquement ceux qui font ressortir le plan avec le plus de netteté et de conviction. Il devrait être, et sera fatalement, lu en contrepoint du déferlement d'analyses négatives que Manhattan secrète sur elle-même et qui ont solidement établi Manhattan comme *capitale de la crise perpétuelle*. […]

IDOLE

En 1845, une maquette de la ville est exposée, d'abord dans la ville même, puis comme objet itinérant destiné à justifier l'auto-idôlatrie croissante de Manhattan.

« Réplique de la grande métropole », c'est « un *fac-similé* parfait de New York, représentant chaque rue, chaque allée, chaque bâtiment, chaque cabane, chaque parc, chaque palissade, chaque arbre et jusqu'au moindre objet de la ville… Surmontant la maquette, un fronton en bois sculpté, à la manière de l'architecture gothique, représente, dans une très belle peinture à l'huile, les principaux établissements d'affaires de la ville… »

Les icônes de la religion sont remplacées par celles du bâtir. L'architecture est la nouvelle religion de Manhattan.

LOBOTOMIE

Les constructions possèdent à la fois un dedans et un dehors.

L'architecture occidentale est partie de l'hypothèse humaniste selon laquelle il est souhaitable d'établir un lien moral entre les deux, le dehors laissant filtrer sur le monde du dedans certaines révélations que le dedans va corroborer. La façade « honnête » parle des activités qu'elle dissimule. Mais, mathématiquement, si le volume intérieur des objets tridimensionnels augmente selon une progression au cube, l'enveloppe qui les renferme n'augmente que selon une progression au carré ; le décalage entre le volume de l'activité intérieure et la surface extérieure correspondante ne cesse donc de croître.

Passé un certain volume critique, ce rapport est poussé au-delà du point de rupture ; cette « rupture » est le symptôme de l'automonumentalité.

Dans l'écart intentionnel entre contenant et contenu, les bâtisseurs de New York découvrent une zone de liberté sans précédent. Ils l'exploitent et lui donnent une dimension formelle au moyen d'une opération qui est l'équivalent architectural d'une *lobotomie* (ou suppression, par intervention chirurgicale, des liaisons entre les lobes frontaux et le reste du cerveau pour remédier à certains troubles mentaux en dissociant les mécanismes de pensée des mécanismes émotifs). L'opération architecturale équivalente consiste à dissocier architectures intérieure et extérieure.

De cette façon, le « monolithe » épargne au monde extérieur les agonies des perpétuels changements qui l'agitent au-dedans.

Il dissimule la vie quotidienne.

Rem Koolhaas,
New York Délire,
un manifeste rétroactif pour Manhattan,
Le Chêne, Paris, 1978

Un géant juif chez lui avec ses parents dans le Bronx, New York, 1970. Photo de Diane Arbus.

L'énigme dans la photo

«Une des choses dont j'avais le sentiment de souffrir étant gamine, c'était de ne jamais faire l'expérience de l'adversité», écrivait Diane Arbus (1923-1971). Mais la petite fille riche de Manhattan surmonta magistralement sa douloureuse «impression d'irréalité» en se précipitant dans une réalité new-yorkaise cruelle, source d'images extrêmes. Selon Arbus, «les monstres possèdent une qualité de légende. Comme une personne dans un conte de fées qui vous arrête et vous pose une énigme.» Le regard interloqué de la mère sur son géant de fils n'est-il pas celui de toute une génération d'immigrants sur la démesure américaine dont leurs propres enfants participent?

La cité perdue

Les éditorialistes Pete Hamill et Jose Torres (ex-champion de boxe) se souviennent tous deux d'un Manhattan plus doux et plus sexy, presque magique dans son abondance de possibilités. Là, hommes et femmes pouvaient se rencontrer, danser et tomber amoureux en un mouvement parfaitement fluide, et on y définissait sa vie par autre chose que l'argent et les démons jumeaux du succès et de l'échec.

Ce New York que nous avons perdu

Autrefois, il y avait une autre ville ici, une ville maintenant disparue. Il n'en reste presque plus de traces mais des millions d'entre nous savent qu'elle a existé, parce que nous y avons vécu : la Cité Perdue de New York.

C'était une ville, comme l'a écrit John Cheever, « encore baignée d'une lumière fluviale, où l'on entendait les quatuors de Benny Goodman s'échapper d'une radio à la papeterie du coin, et où presque tout le monde portait un chapeau ».

Dans cette ville, les taxis étaient presque tous des Checkers, offrant un large espace à vos jambes, et les chauffeurs savaient où se trouvait la gare de Grand Central et s'occupaient toujours de vos bagages. Dans cette ville, il y avait des appartements de trois pièces avec vue sur le fleuve. Vous traversiez la rue en courant et votre petite amie vous attendait sous une horloge Bilmore, de la

Greenwich Village dans les années 50.

neige fondant dans les cheveux. Les voitures ne se garaient jamais en double file. Les portes des magasins n'étaient pas fermées à clef en plein jour. Les conducteurs de bus rendaient encore la monnaie. A travers toute la ville, les flics patrouillaient leur secteur et tout le monde les connaissait par leur nom. Dans cette ville, vous ne fumiez pas dans le métro. Vous portiez des caoutchoucs quand il pleuvait. Les serveuses vous appelaient chéri. Vous dormiez la fenêtre ouverte sur les nuits d'été.

Ce New York a maintenant disparu, pulvérisé par le temps, le progrès, le hasard et la cupidité. Oui, la plupart d'entre nous doutent de leurs souvenirs sur la manière dont ils vivaient ici, il n'y a pas si longtemps encore. La nostalgie est une émotion traîtresse – tout à la fois condamnation du présent et aveu de ressentiment perpétuel – à laquelle il ne faut jamais entièrement se fier. Pour nombre d'entre nous, l'acte de se souvenir est tout simplement trop douloureux; nous devons faire face à cette question à laquelle il est impossible de répondre : comment avons nous laissé cela arriver, comment la Cité Perdue fut-elle perdue ? Et par conséquent, la plupart d'entre nous se sont entraînés à oublier.

Puis, tout à coup, vous entendez un certain morceau de musique, et vous êtes à nouveau au bar Five Spot de St. Marks Place. Vous écoutez Monk, bien sûr, et vous vous donnez du mal pour être à la page. Un autre après-midi, vous voyez la lumière jaune descendre en oblique sur la 125e Rue, et brusquement vous êtes à nouveau en train de quitter le restaurant Frank's au début des années soixante après un déjeuner avec un politicien, et vous descendez la rue jusqu'à la librairie Michaux pour dénicher ce poème rare de Countee Cullen ou lire les nouvelles d'Afrique. Après une soirée épuisante, vous allumez le poste de télévision tard dans la nuit et, dans les images argentées de quelque film oublié des années quarante, vous entr'apercevez l'hôtel Brevoort sur la 5e Avenue et la 8e Rue, et vous êtes à nouveau de plain-pied avec ses tables en terrasse en compagnie d'une fille de rêve par un bel après-midi d'été sans nuage. Toutes les guerres sont finies, vous avez trente pharamineux dollars en poche, et ce foutu monde ne pourrait pas être meilleur. Qui des résidents de la Cité Perdue aurait jamais osé imaginer un jour où le Brevoort aurait disparu, tout comme le Five Spot et Monk, ainsi que chez Frank et chez Michaux, et jusqu'à même cette fille de rêve ?

Pete Hamill, « The New York we've Lost », in *New York Magazine*, 21-28 décembre 1987

* Surnom donné aux célèbres taxis new-yorkais, reconnaissables à leur damier noir ornant le côté de leur carrosserie jaune.

Le Palladium

C'est au cours de l'hiver 1955 que j'ai monté pour la première fois le long et étroit escalier menant au Palladium. J'avais alors dix-neuf ans, j'étais première classe à l'armée et nouveau venu au sport de la boxe. Et j'avais deux fantasmes. Le premier : un homme portant un nœud papillon levait ma main gantée sur le ring de Madison Square Garden en hurlant que j'étais le nouveau champion du monde des poids moyens. Le second : un jury annonçait que j'étais le gagnant incontesté du mambo-cha-cha-merengue au Palladium d'origine (le seul, le *vrai*), le dancing latin* sur Broadway et la 53e Rue. Ce n'est pas par hasard que ces deux visions se confondaient. Pour les danseurs de cette époque, le Palladium était le Madison Square Garden de la musique latine et beaucoup de boxeurs latins considéraient le Garden comme le Palladium du combat de boxe. Pour un gosse latin des années cinquante, c'était les tours jumelles de la gloire.

Dans mon souvenir, *notre* Palladium comprenait une immense piste de danse flanquée, sur la gauche, d'une estrade basse pour l'orchestre et, sur la droite, d'un long bar. L'endroit était toujours bleu de fumée de cigarette. Au bar, perchés sur de hauts tabourets, hommes et femmes se reluquaient, utilisant parfois le miroir du fond pour s'adresser des messages qui se passaient de parole. Ils regardaient les danseurs, se regardaient, et buvaient beaucoup de rhum. Six colonnes en bois arrimaient le plafond, l'empêchant de s'envoler sur Broadway lorsque les toniques groupes de mambo se mettaient à l'œuvre. Sur les colonnes, il y avait des spots rouges; j'appris plus tard que lorsqu'ils clignotaient, c'est qu'il y avait du grabuge dans la maison.

Ce qui faisait la grandeur du Palladium, en dehors de toutes ces belles femmes, c'était la musique. Elle allait du lyrisme sentimental de Tito Rodriguez au « Latin jazz » musclé de Tito Puente et ses timbales magiques. En leur présence, il n'y avait pas moyen qu'un jeune homme ou une jeune fille puissent rester immobiles. Je ne me souviens pas d'une seule conversation du temps où je fréquentais le Palladium. Tout ce qu'on avait à faire, en fait, c'était d'aller vers cette fille en robe noire et de dire : *« Bailamos? O, bailamos. »* Au début, juste après la guerre, le groupe était Machito et ses Afro-Cubains. Il allait donner à la musique latine ses lettres de noblesse, me raconta le grand pianiste latin Charlie Palmieri, mais une drôle de chose se produisit en cours de route. Machito attira un public de jazz, non seulement en raison des inflexions jazziques de sa musique mais à cause de son amitié avec Dizzy Gillespie qui venait faire des apparitions pendant les pauses de ses propres concerts au Birdland, à quelques rues de là. Les premières assistances étaient donc composées de Noirs américains et de fans de jazz blancs. Puente et Rodriguez ne devinrent les orchestres maison qu'en 1951.

Après leur arrivée, les deux Tito restèrent dans la place (la salle ferma en 1959), et placèrent la barre extraordinairement haut. Comme me le dit Palmieri : « Si vous ne pouviez pas jouer aussi bien que Puente ou Rodriguez, vous ne pouviez tout simplement pas jouer là. » Bientôt, toutes les meilleures formations musicales latines se produisirent au Palladium : Perez, Prado, Fajardo, La Orquesta Aragon, Villo's Caracas, Noro Morales, La Playa Sextet, Benny Moret, Rolando Laserie, Mon Rivera, et bien d'autres. Deux orchestres n'étaient simplement pas suffisants; le Palladium en présentait trois, et ils jouaient jusqu'à quatre heures du matin. Même alors, le public n'était pas exclusivement latin. On vit un roulement s'établir. Selon Pete Della (un poids plume professionnel dans les années trente qui arrondissait ses fins de mois comme videur à 15 dollars la nuit au Palladium), les mercredis soirs, quand « Killer » Joe Piro donnait son cours de danse, l'assistance était juive et italienne. Le vendredi était pour les Portoricains, le samedi pour les Hispaniques de toutes origines. « Et le dimanche, se rappelle Della, était pour les Noirs américains. Tout le monde dansait sur la musique latine. »

Ce que confirme Palmieri, à une différence près : le vendredi soir, se

Washington Square dans les années 60.

rappelle-t-il, était pour les Portoricains branchés et le samedi pour les ringards – les *jibaros*. Leurs conflits dégénéraient souvent. A l'issue de quoi entraient invariablement en scène les frères Angelette, Tony et Pete, les deux plus célèbres Latins *blonds* de New York. Mon ami le détective Pancho Murcia se souvient : « Chaque fois qu'un corps dégringolait du haut du long escalier, celui qui avait poussé à la culbute était immanquablement l'un des frères Angelette. Ils n'allaient pas plus loin que ça. »

Il n'y avait que quelques règles au Palladium. Vous n'aviez pas le droit de rester debout en face de la scène; c'était un *dancing*. On faisait exception seulement pour les conscrits en uniforme et les amis des frères Angelette.
La seconde loi était plus radicale. Une fois que vous étiez radié du Palladium, pour quelque raison que ce soit, vous l'étiez à vie. Della ne se souvient que d'une dérogation à cette règle de fer : un jeune exilé avait été autorisé à revenir après une longue supplication angoissée du prêtre de sa paroisse.

Il semble rétrospectivement que cet endroit était plus à la mode que tous ceux qui existent maintenant, et plus innocent. Je ne prétends pas qu'on n'ait jamais fumé de marijuana ou sniffé de cocaïne dans les toilettes du Palladium; je suppose que ça se faisait. Mais il y avait quelque chose de pur et d'étonnant dans la danse elle-même (qui les a vus ne serait-ce qu'une fois ne peut oublier Anibal Vasquez et Luis Maquina).
Et c'était aussi là où les gens se rencontraient, où ils se courtisaient, où ils tombaient amoureux, et où ils retournaient *après* même s'être mariés. Dans tout New York, des hommes et des femmes d'âge mur lisent des notices sur le Palladium de la 14e Rue et secouent la tête en disant : « Non, ce n'est pas le Palladium. » Ils vont à d'autres dancings latins et voient de jeunes danseurs essayer de remuer au rythme de la bonne vieille musique, ou sur le disco en conserve servi entre les prestations des différents orchestres maison, et ils disent : « Non, ça ce n'est pas le Palladium non plus. » Si vous êtes d'une certaine génération, il n'y avait pour vous qu'un Madison Square Garden, qui se trouvait sur la 8e Avenue et la 50e Rue. Et il n'y avait aussi qu'un Palladium. Il continue à vivre dans le souvenir, et certains d'entre nous se surprennent encore à dire, lorsque son image nous revient : *Bailamos? O, bailamos.*

Jose Torres, « The Palladium », in *New York Magazine*, 21-28 décembre 1987, Traductions Cécile Bloc-Rodot

* « Latin » dans ce texte renvoit à l'ensemble de la communauté hispanophone new-yorkaise composée de groupes culturellement (et économiquement) très variés: Portoricains, Cubains, Antillais, Mexicains et autres Latino-Américains.

Quel avenir ?

Le sociologue Terry Williams décrit l'un des phénomènes récents du nord de Manhattan : l'« Avenue Dominicaine » de Washington Heights, devenue un « paradis » pour dealers et le quartier peut-être le plus dangereux d'Amérique ; là, on fait carrière dans la rue et, dans une communauté ravagée par le chômage, le crack et le sida, le dealer est toujours le « roi du block ».

Quartier sans issue

L'équipe

Tous font cercle autour de Max, qui prépare le crack. Il est passé maître dans l'art du mélange. Il a ses propres recettes et connaît parfaitement les effets des différents mélanges. Jake sniffe directement dans un grand sac posé sur la table de verre, et parle à Chillie d'une femme qu'il a rencontrée au Jump-Offs, un club ouvert toute la nuit : « *La jeva no era muy grande, pera tenía lo de atras* [elle n'était pas grosse mais elle avait un beau cul] » ; il embrasse le bout de ses doigts. « *Hombre, 'mano.* »

La recette de Max est la suivante : un « huitième » de coke [1/8e de kilo, ou 125 grammes], 60 grammes de bicarbonate de soude [levure ordinaire] et 40 grammes de « comeback », un additif grâce auquel il a doublé les profits qu'il tire du crack : ce mélange peut être combiné avec la cocaïne-base qui, une

fois sèche, a l'odeur, le goût, et l'apparence de la coke ; tout ce qui est utilisé « rapporte », tout ce qui est ajouté à la recette augmente les recettes. Au prix de 200 dollars l'once en 1984, cela coûte beaucoup moins cher que la drogue pure. Max remplit le pot de Pyrex au robinet et le fait chauffer 20 minutes sur le réchaud ; puis il place le tout dans l'eau froide pour faire coaguler le crack. Les autres découpent alors au rasoir les morceaux durcis, dont ils remplissent les capsules à couvercle rouge.

Le quartier

Washington Heights s'étend au nord-ouest de New York, entre la 154e et la 190e rue. En 1957, les parents de Max furent l'une des premières familles dominicaines à y emménager. Broadway, qui traverse New York du nord au sud, servait de ligne de partage : à l'est peu de Latinos pouvaient louer des appartements, et aucun Afro-Américain ; peu de Blancs vivaient à l'ouest.

C'était vraiment une ligne de démarcation selon la couleur, raconte Mel, un Afro-Américain qui travaille dans un garage de la 153e rue. « A cette époque-là il y avait juste quelques-uns de ces Cubains au teint clair, presque blancs de peau ; aujourd'hui on dit plus Broadway mais "Avenue Dominicaine". Le quartier était en majorité juif, avec quelques Irlandais et quelques Italiens. Il y avait une ou deux boîtes espagnoles, comme le Pan American Club sur la 157e, ou le Cabarrojeno sur la 145e. Quelques Espagnols les fréquentaient, mais ça n'allait pas plus loin, ils ne venaient pas s'installer, parce que passer une ou plusieurs soirées dans une boîte ça va bien, mais venir vivre ici c'est une autre affaire. »

A l'automne 1776, le Général

Descente de police, 1991.

Washington avait établi pendant un mois son quartier général à l'emplacement de la 160e rue, jusqu'à ce que les Anglais reprennent Fort Washington. « Je me souviens que personne n'a protesté quand ils ont construit le crématorium au bas du cimetière de Trinity. Pourtant ils ont dû creuser sur l'emplacement des tombes de soldats noirs de la Guerre Révolutionnaire. Beaucoup d'entre eux étaient enterrés dans les tombes anonymes », raconte Mel.

« Plus personne n'a de racines, ni les parents ni les enfants. Tous les mômes ici sont dominicains », poursuit-il. Mel contemple le parking, rempli en majorité de BMW : « Sans l'argent de la drogue, ils pourraient pas s'offrir toutes ces bagnoles de luxe ! Je peux pas prouver que l'argent vient de la drogue, mais on ne me la fait pas. »

Même si beaucoup de groupes ethniques revendiquent aujourd'hui Washington Heights, ce sont les Dominicains qui structurent ce quartier turbulent. Les après-midi d'été, la rue sonne, sent et parle latino. Les hommes (garçons de restaurant, racoleurs divers, employés de magasins, ouvriers d'entretien) se rassemblent pour jouer aux dominos ou lancer les dés, à l'ombre d'une enseigne de coiffeur ou sous l'auvent fané de la *groceria*. Chez Astroni, où l'on peut se faire servir à toute heure un petit déjeuner, un déjeuner ou un dîner, les jeunes dealers et les clients se retrouvent pour passer leurs coups de téléphone ; les policiers s'y arrêtent aux petites heures de la nuit pour un café.

Neuf heures le samedi matin est une heure creuse pour le trafic de drogue du quartier, mais les autres vendeurs installent leur marchandise sur le trottoir ; les commerces légaux sont ouverts en permanence : le Head Shop de Julio, le Metro Bar de Charlie, le café grec, la plupart des restaurants. Au Monarch Bar, on reconnaît les dealers aux beepers accrochés à leur ceinture et à la façon dont ils manipulent l'argent : au lieu d'un seul billet, ils exhibent la liasse entière, et la comptent avec la dextérité d'un caissier.

Le long de la 156e rue, on repère à certains numéros l'entrée de la plupart des immeubles des maisons de cocaïne et de crack du quartier. Jake et les autres dealers se tiennent dans l'entrée, les bras croisés, et attirent les clients dans le hall d'entrée (on est à deux pas de la station de métro). […]

Les activités clandestines sont la majorité, et le racolage est la règle, comme en témoignent le grand nombre d'opérations illicites qui accompagnent le commerce de la drogue : même les confiseries offrent le bric-à-brac de la drogue, et on trouve des boutiques qui ne vendent rien d'autre, comme Perran's dont la devanture est pleine d'échantillons de lactose, dextrose, manitol (tous ingrédients servant à altérer la coke) et d'un fatras de pipes à eau pour fumer le crack ou la marijuana. Il n'y a que la rue à traverser pour se trouver dans la zone de deal la plus active de New York ; Perran's est ouvert vingt-quatre heures sur vingt-quatre, et, comme la plupart des commerces du quartier, ne désemplit pas.

Scène de rue dans le quartier Soho.

Terry Williams,
Cocaïne Kids,
un ethnologue chez les dealers adolescents,
Gallimard, Paris, 1990

Face aux fléaux urbains modernes, les communautés hispanique et noire s'organisent et brisent les murs du désespoir par des formes d'expression inédites et fulgurantes. Premières superstars du rap, Grandmaster Flash and the Furious Five, groupe formé dans le Bronx en 1976, inventèrent les principales techniques de citation musicale syncopée et produisirent, en 1982-1983, une série de chansons à message devenues classiques.

Le Message

Un enfant naît l'esprit vierge
Aveugle aux lois de l'humanité
Dieu te sourit mais son front est sombre aussi
Parce qu'il sait par quoi tu vas passer
Tu grandiras dans le ghetto, tu mèneras une sous-vie
Et tes yeux chanteront une chanson de haine profonde
Là où tu joues, là où tu habites
Ça ressemble à une seule grande impasse
Tu admires tous les bookmakers, les truands,
Les macs, les dealers, tous les friqués
Dans leurs grosses bagnoles, balançant leurs gros biftons
Et tu veux être juste comme eux quand tu seras grand
Trafiquants, arnaqueurs, cambrioleurs, flambeurs,
Pickpockets, receleurs, et même tire-au-flanc
Tu dis : « J'suis cool, ah, j'suis pas un gogo »,
Mais tu finis par laisser tomber l'école
Maintenant t'es au chômdu, tu roules des caisses
Tourné braqueur, un vrai caïd,
Mais regarde où t'en es
T'en as pris pour huit ans
Maintenant t'as perdu ta virilité
T'es plus qu'un objet
Deux ans t'a passé à te faire mettre
A servir, à t'user, toujours plus asservi
Jusqu'au jour où on t'a trouvé pendu dans ta cellule
C'était clair que ta vie était foutue
T'étais froid et ton cadavre se balançait
Mais maintenant tes yeux chantent la chanson triste si triste
De ta vie trop rapide et de ta mort trop jeune
Alors me pousse pas parce que j'suis à bout
J'essaie de pas perdre la tête
C'est comme une jungle parfois
J'me demande comment j'arrive à pas couler.

Grandmaster Flash
and the Furious Five, 1982,
Greatest Hits, Media 7

New York en 80 films

Du thriller à la comédie musicale, l'esprit des lieux de New York, cet idiome particulier fait de fécondité et d'humour, traverse les genres et les styles du cinéma américain. La ville elle-même semble se métamorphoser à l'écran en un monstre aux pouvoirs magiques ; elle peut tour à tour châtier et protéger, émerveiller ou dégoûter, offrir un cadre rassurant ou devenir le lieu de la menace et de la violence absolues.

Audrey Hepburn prenant son petit déjeuner devant la vitrine du bijoutier Tiffany's, dans *Diamants sur canapé* de Blake Edwards, 1961.

Jusqu'en 1945, la ville de New York à l'écran était essentiellement une fabrication de Hollywood, un bout de terrain à l'arrière d'un des grands studios déguisé en rue urbaine « typique ». Toutefois, dans les mains de réalisateurs tels que Josef von Sternberg, New York pouvait acquérir un éclat fantomatique ou, comme dans *Rue sans issue* de William Wyler (1937), s'animer d'une énergie mélancolique. *La Féline* de Jacques Tourneur (1942), un conte d'horreur centré autour d'un zoo de Central Park en version hallucinée, nous en dit plus sur l'hystérie sexuelle de l'Amérique pendant la guerre que n'importe quel film bien plus documenté.

Lorsqu'après la Deuxième Guerre mondiale, Hollywood investit les rues de New York, on vit naître le *docudrama* ou drame documentaire, la ville elle-même devenant l'espace focal et le personnage principal de films comme *La Cité sans voiles* (1948). Pourtant, avec ses quais artificiels, *Le Port de la drogue* de Samuel Fuller (1953) capte la paranoïa anticommuniste des années 1950 mieux que n'importe quel film tourné en extérieurs.

Hollywood a produit plusieurs maîtres quintessentiellement new-yorkais : Woody Allen, Martin Scorsese, Sidney Lumet, Paul Mazursky et Spike Lee. Le *Annie Hall* d'Allen (1977) est un cri de guerre de Manhattan contre tout le reste des Etats-Unis ; Scorsese a trouvé son éden sans pitié dans les rues mal-famées de Manhattan tandis que Lumet, dans *Un après-midi de chien* (1975), a saisi la folie intrinsèque de New York ; Mazursky, lui, a quelque chose d'un rabbin magique qui, dans des films tels que *Moscou à New York* (1984) et *Ennemies : Une histoire d'amour* (1989), nous offre un Manhattan bien plus drôle et chaleureux ; le *Malcolm X* de Spike Lee (1992) est un portrait

Michael Douglas dans *Wall Street* d'Oliver Stone, 1987.

sans concession, dérangeant, de l'Amérique noire et blanche.

1928 Josef von Sternberg, *Les Damnés de l'océan* (*The Docks of New York*).
1933 Mervyn Le Roy, *Chercheuses d'or* (*Gold Diggers*).
– Raoul Walsh, *Les Faubourgs de New York* (*The Bowery*).
– Lloyd Bacon, *Quarante-Deuxième Rue* (*42nd Street*).
1934 W. S. Van Dyke, *L'Introuvable* (*The Thin Man*).
1936 Gregory La Cava, *My Man Godfrey*.
– Frank Capra, *L'Extravagant M. Deeds* (*Mr Deed Goes to Town*).
1937 William Wyler, *Rue sans issue* (*Dead End*).
1940 Anatole Litvak, *Ville conquise* (*City for Conquest*).
1941 Raoul Walsh, *Un dimanche après-midi* (*The Strawberry Blonde*).
1942 Julien Duvivier, *Tales of Manhattan*.
1942 Jacques Tourneur, *La Féline* (*Cat People*).
1944 Leo McCarey, *La Route semée d'étoiles* (*Going my Way*).
– Fritz Lang, *La Femme au portrait* (*The Woman in the Window*).
– Otto Preminger, *Laura*.
1945 Elia Kazan, *Le Lys de Brooklyn* (*A Tree Grows in Brooklyn*).
– Vincente Minnelli, *L'Horloge* (*The Clock*).
1945 Henry Hathaway, *La Maison de la 92e Rue* (*The House on 92nd Street*).
1947 Gordon Wiles, *Un gangster pas comme les autres* (*The Gangster*).
– Robert Rossen, *Sang et Or* (*Body and Soul*).
– George Seaton, *Le Miracle de la 34e Rue* (*Miracle on 34th Street*).
– Henry Hathaway, *Le Carrefour de la mort* (*Kiss of Death*).
1948 Jules Dassin *La Cité sans voiles* (*Naked City*).
– Abraham Polonsky, *L'Enfer de la corruption* (*Force of Evil*).
1949 Gene Kelly, Stanley Donen, *Un jour à New York* (*On the Town*).
– William Wyler, *L'Héritière* (*The Heiress*).
1950 Joseph L. Mankiewicz, *Eve* (*All About Eve*).
– Otto Preminger, *Marc Dixon, détective* (*Where the Sidewalk Ends*).
1953 Samuel Fuller, *Le Port de la drogue* (*Pickup on South Street*).

Jean Peters et Richard Widmarck dans *Le Port de la drogue* de Samuel Fuller, 1953.

Manhattan de Woody Allen (ci-dessus); *Un jour à New York* de Gene Kelly et Stanley Donen (à droite).

1954 Elia Kazan, *Sur les quais* (*On the Waterfron*t).
– Alfred Hitchcock, *Fenêtre sur cour* (*Rear Window*).
1955 Richard Brooks, *Graine de violence* (*The Blackboard Jungle*).
– Stanley Kubrick, *Le Baiser du tueur* (*Killer's Kiss*).
1957 Alexander Mackendrick, *Le Grand Chantage* (*Sweet Smell of Success*).
– Martin Ritt, *L'homme qui tua la peur* (*The Edge of the City*).
1959 Robert Wise, *Le Coup de l'escalier* (*Odds Against Tomorrow*).
– Ranald MacDougall, *Le Monde, la Chair et le Diable* (*The World, the Flesh and the Devil*).
1960 Billy Wilder, *La Garçonnière* (*The Apartment*).
1961 Robert Wise, Jerome Robbins, *West Side Story*.
– John Cassavetes, *Shadows*.
– Blake Edwards, *Diamants sur canapé* (*Breakfast at Tiffany's*).
1965 Sidney Lumet, *Le Prêteur sur gages* (*The Pawnbroker*).
1968 Don Siegel, *Police sur la ville* (*Madigan*).
– Mel Brooks, *Les Producteurs* (*The Producers*).
1969 John Schlesinger, *Macadam Cowboy* (*Midnight Cowboy*).
1970 Ossie Davis, *Le Casse de l'oncle Tom* (*Cotton Comes to Harlem*).
1971 Alan J. Pakula, *Klute*.
– Jerry Schatzberg, *Panique à Needle Park* (*The Panic in Needle Park*).
– Gordon Parks, *Shaft*.
– William Friedkin, *French Connection* (*The French Connection*).
1972 et **1974** Francis Ford Coppola, *Le Parrain* et *Le Parrain II* (*The Godfather & The Godfather II*).

1973 Martin Scorsese, *Mean Streets*.
– Sidney Lumet, *Serpico*.
1975 Joan Micklin Silver, *Hester Street*.
– Sidney Lumet, *Un après-midi de chien* (*Dog Day Afternoon*).
1976 Martin Scorsese, *Taxi Driver*.
1977 Woody Allen, *Annie Hall*.
– John Badham, *La Fièvre du samedi soir* (*Saturday Night Fever*).
1978 Paul Mazursky, *Une Femme libre* (*An Unmarried Woman*).
1979 Woody Allen, *Manhattan*.
1980 Martin Scorsese, *Raging Bull*.
1982 Sidney Pollack, *Tootsie*.
1984 Sergio Leone, *Il était une fois l'Amérique* (*Once Upon a Time in America*).
– Paul Mazursky, *Moscou à New York* (*Moscow on the Hudson*).
– Woody Allen, *Broadway Danny Rose*.
– Ivan Reitman, *Ghostbusters*.
1985 Susan Seidelman, *Recherche Susan désespérément*, (*Desperately Looking for Susan*).
– John Huston, *L'Honneur des Prizzi* (*Prizzi's Honor*).
1986 Spike Lee, *Nora Darling n'en fait qu'à sa tête* (*She's Gotta Have It*).
1987 Oliver Stone, *Wall Street*.
– Norman Jewison, *Eclair de lune* (*Moonstruck*).
1988 Mike Nichols, *Working Girl*.
1989 Harold Becker, *Sea of Love*.
– Abel Ferrara, *King of New York*.
– Paul Mazursky, *Ennemies : une histoire d'amour* (*Enemies, A Love Story*).
1990 Martin Scorsese, *Les Affranchis* (*The Goodfellas*).
1991 Terry Gilliam, *Fisher King Le Roi pêcheur* (*The Fisher King*).
– Mario Van Peebles, *New Jack City*.
1992 Spike Lee, *Malcolm X*.
1993 Woody Allen, *Meurtre Mystérieux à Manhattan* (*Manhattan Murder Mystery*).
– Robert De Niro, *A Bronx Tale*.

Filmographie établie par J. Charyn

BIBLIOGRAPHIE

Fiction, poésie

– Auster, Paul, *La Cité de verre*, Actes Sud, 1987.
– Bellow, Saul, *La Victime*, Gallimard, 1964.
– Céline, Louis-Ferdinand, *Voyage au bout de la nuit*, Gallimard, 1952.
– Dos Passos, John, *Manhattan Transfer*, Gallimard, 1982.
– Dreiser, Theodore, *Sister Carrie*, Penguin.
– Ellison, Ralph, *Homme invisible, pour qui chantes-tu?*, Grasset, 1985.
– Fitzgerald, F. Scott, *Gatsby le Magnifique*, Grasset, 1974.
– Ginsberg, Allen, *Howl and Other Poems*, éd. bilingue, UGE, 1980.
– Hammett, Dashiell, *L'Introuvable*, Gallimard, 1987.
– Hijuelos, Oscar, *Mambo Kings*, Bourgois, 1993.
– Himes, Chester, *La Reine des pommes*, Gallimard, 1991.
– James, Henry, *Washington Square*, Liana Levi, 1993.
– Mailer, Norman, *Rivage de barbarie*, Gallimard, 1977.
– Malamud, Bernard, *The Assistant*, Penguin.
– Melville, Herman, *Bartleby et autres nouvelles*, Flammarion, 1989.
– Miller, Henry, *Tropique du cancer*, Gallimard, 1972.
– Morrison, Toni, *Jazz*, Bourgois, 1993.
– O'Hara, Frank, *Selected Poems*, Alfred A. Knopf, New York, 1974.
– Paley, Grace, *Les petits riens de la vie*, Rivages, 1989.
– Roth, Henry, *L'Or de la Terre Promise*, Grasset, 1989.
– Runyon, Damon, *Nocturnes dans Broadway*, Gallimard, 1986.
– Salinger, J. D., *Un jour rêvé pour le poisson-banane*, Laffont, 1984.
– West, Nathanael, *Miss Lonelyhearts*, Seuil, 1988.
– Whitman, Walt, *Les Feuilles d'herbe*, Aubier, 1989.
– Wharton, Edith, *Le Temps de l'innocence*, Flammarion, 1987.
– Wolfe, Thomas, *La Toile et le Roc*, L'Age d'homme, 1984.

Documents, Histoire

– Asbury, Herbert, *The Gangs of New York*, Paragon House, 1990.
– Baldwin, James, *Chronique d'un pays natal*, Gallimard, 1973.
– Brown, Claude, *Harlem ou la Terre Promise*, Stock, 1966.
– Howe, Irving, *The World of Our Fathers*, Simon & Schuster, New York, 1976.
– James, Henry, *La Scène américaine*, La Différence, 1993.
– Kazin, Alfred, *A Walker in the City*, Harcourt Brace Jovanovitch, 1951.
– Koolhaas, Rem, *New York Délire*, Le Chêne, 1978.
– Kouwenhoven, John, *The Columbia Historical Portrait of New York*, Harper & Row, 1972.
– Malcolm X (avec Alex Haley), *L'Autobiographie de Malcolm X*, Grasset, 1966.
– *New York Panorama*, Pantheon Books, New York, 1984.
– Sante, Luc, *Low Life*, Farrar, Strauss & Giroux, 1991.
– *WPA Guide to New York City, 1939*, Pantheon Books.

Photographie

– Abbott, Berenice, *New York in the Thirties*, Dover, New York, 1967.
– Arbus, Diane, *Diane Arbus*, Aperture, New York, 1972; Nathan Image, 1990.
– Silver, Nathan, *Lost New York*, Schocken Books, 1967.

TABLE DES ILLUSTRATIONS

CHAPITRE I

CHAPITRE II

Philadelphia Museum of Art.
52h *Défilé du 15e régiment noir,* photo, 1918.
52b *Evolution du speakeasy*, dessin de Joseph W. Golinkin, 1933, Museum of the City of New York.
53 *Building en construction,* photo coloriée. Seymour Durst Old York Library, New York..
54h *Dîner dans la «haute» société américaine au sommet du Waldorf Astoria*, photo.
54b *Construction de l'Empire State Building*, 1931, photo de Lewis Hine.
55 *Flatiron building*, photo.
56 *Francis Scott Fitzgerald,* photo.
56/57 *South Street,* photo de Walker Evans, 1932.
57 *Flatiron Building,* carte postale.
58h *Cinquième Avenue pendant la Seconde Guerre mondiale*, photo.
58m *Marcel Duchamp derrière le Rotary Glass Plates,* photo de Man Ray, 1920.
59h Peggy Guggenheim dans son musée, photo. The Solomon R. Guggenheim Museum Collection, New York.
59b *Pastoral,* peinture de Arshile Gorky, 1947.
60 *Pollock en son atelier,* photo de Namuth.
60/61 *George Balanchine enseignant à l'école de l'American Ballet en 1961,* photo de Nancy Lassalle.
61 *Sans Titre,* peinture de Mark Rothko, 1969
62 *Andy Warhol en son atelier,* photo Eve Arnold.
62/63 *One Hundred Cans,* peinture à l'huile d'Andy Warhol, 1962.
63 *Andy Warho dans la "Factory", 1966* photo de H. Gloaguen.
64 *Andy Warhol, Edie Sedgwick et Chuck Klein,* photo de Burt Glinn.
64-65 *10 Lizes,* peinture d'Andy Warhol. Musée National d'Art Moderne, Paris.
65 *Andy Warhol,* photo de Bob Adelman, 1966.

CHAPITRE III

66 *Sur la 7e avenue,* photo.
67 *Ella Fitzgerald et l'orchestre Chuck Webb,* photo.
68 Affiche de vente d'esclaves.
68/69 *East Harlem,* photo de Joseph Rodriguez.
69 *East Harlem,* photo de Joseph Rodriguez.
70 *Esclave en fuite,* gravure.
70/71 *Recrues noires défilant le long de Beekman Street pendant la guerre de Sécession* gravure, XIXe siècle.
71 *Harlem en 1765,* gravure.
72 *Africa,* photo de Jacob Riis. Seymour Durst
Old York Library, New York.
73 *Richesse à Harlem,* v. 1900, photo.
74 *Harlem, 116e rue/4e avenue,* photo, 1889.
75h *Soldat noir revenant à New York, mars 1919,* photo.
75b *Construction du métro (Lenox Ave., 113e rue),* photo, 1901. The New York Public Library.
76hg *Bill Robinson au Cotton Club,* photo James Kruigsman.
76m & 77b *Affiche pour un spectacle du Cotton Club Parade.*
76b *Lena Horne,* photo.
77h *Zora Neale Hurston,* photo de Carl Van Vechten.
78 Louis Amstrong, photo de F. Driggs.
79 *Sortie de la messe à Harlem*, 1939, photo.
80b *La Revanche de Joe Louis,* peinture de Robert Riggs, 1940, Capricorn Galleries, Bethesda, Maryland.
80/81h Titre du *New York Times*, 3 août 1943.
81m *Émeute à Harlem, août 1943,* photo.
81b *Duke Ellington,* photo.
82h *Malcolm X,* photo.
82m *Jackie Robinson,* photo.
83 *Vendeur de journaux noir musulman,* photo de Leonard Freed.
84-85 *L'enfant et la palissade,* photo de Raymond Depardon.

CHAPITRE IV

86 *New York en 1942,* photo de Harold Roth.
87 *Gamins des rues,* photo de Jacob Riis. Seymour Durst Old York Library, New York.
88 Lefty Louie et Gyp the Blood, gangsters, photo, fin XIXe.
88/89 *Il était une fois en Amérique*, film de Sergio Leone, 1984, prod. Arnon Milsham.
89 Monk Eastman, gangster, photo, fin XIXe.
90 *The Old Brewery,* gravure, XIXe siècle. Seymour Durst Old York Library, New York.
90/91 *Franklin House,* gravure.
91 *The Five Points,* gravure, 1859. Seymour Durst Old York Library, New York.
92 *Gamins des rues,* gravure in *Harper's Weekly*, 1871.
92/93 *Baxter Street alley,* photo de Jacob Riis. Seymour Durst Old York Library, New York.
93h *Dans le Lower East Side,* photo, vers 1900.
93b *Gamins des rues,* photo, 1896.
94g *Le Cotton Club, dans les années 20,* photo.
94d *Legs Diamond arrêté en 1931,* photo.
95h *Arnold Rothstein,* photo.
95b Affiche du film *Dead End*, de William Wyler, prod. Samuel Goldwyn/United Artists, 1937.
96/97 *Mort dans la rue*, photo de Weegee.
98 *Arrestation*, 1947, photo de Weegee.
99 *Adolescent ayant étranglé une fillette de 4 ans*, photo de Weegee.
100 James Cagney dans

L'Ennemi public de W.S. Van Dyke, prod. David O. Selznick, 1934.
100/101 James Cagney dans *Le Fauve en liberté* de Gordon Douglas, prod. William Cagney, 1950.
101 Edward G. Robinson dans *Le Petit César* de Mervyn LeRoy, prod. Hall B. Wallis/Darryl Zanuck/ First National, 1931.
102h John Gotti, photo de Y. Hemsey, 1987.
102b *Johnny Dio prêtant serment devant la commission sénatoriale sur les rackets,* 1957, photo.
103 Procès de John Gotti.
104 Couverture du livre de Gene Mustain et Jerry Capeci, *Mob Star*, éd. Dell, New York.
105 *Manifestation en faveur de Gotti, juin 1992,* photo.

CHAPITRE V

106 New York sous le blizzard, photo, 1888. Museum of the City of New York.
107 *Vendeur de hot dogs,* peinture de Red Grooms, 1993-94.
108/ *Bateau entre Brême et New York,* photo de Waldemar Abegg 1905.
109 *Edith Wharton,* photo. Bibl. Nat., Paris.
110/111 *Vue aérienne de Manhattan*, peinture d'Alain Bazard.
112 *Le Radiator Building, de nuit,* huile de Georgia O'Keeffe, 1927.
112/113 *Les architectes de New York déguisés en Skyline*, années 30, photo.
113 *Grand Hotel de Manhattan*, projet de Gaudi, dessin d'architecture.
114 *Sans domicile à Alphabet City*, photo de Christopher Lang.
114/115h, m & b *Bidonvilles dans Central Park*, début des années 30, phot de Nat Norman, Museum of the City of New York.
115 *Fumeur de crack,* photo de Savino.
116b *Seth Low,* photo. Museum of the City of New York.
116/117h *Queue au début des années 30*, photo.
117 *Arrestation du "Boss Tweed"*, gravure.
118/119 *The City from Greenwich Village* (*La ville vue de Greenwich Village)*, peinture de John Sloan, 1922, National Gallery of Art, Washington, donation de Helen Farr Sloan.
120/121 *Nighthawks* (*Les Faucons de nuit*), peinture d'Edward Hopper, 1942, Art Institute, Chicago.
122h *Dans le Bronx,* photo de Larry McGevna.
122/123 *Street News,* journal des sans-abri, février 1993.
123 *Police à East Harlem*, photo de Joseph Rodriguez.
124h *Rue de Chinatown.*
124b *Scène de rue,* photo de Richard Kalvar.
124/125 *Little Italy,* peinture de Red Grooms, 1989.
126 *Poubelles brûlant dans le Bronx,* photo Sepp Seitz, 1975.
127 Quartier portoricain de New York.
128 Départ du paquebot *United States* pour l'Europe, photo d'Andreas Feininger.

TÉMOIGNAGES ET DOCUMENTS

129 Mannequin photographié devant les gratte-ciel de New York pour *Harper's Bazaar*, 1934.
130 Manhattan vu de Brooklyn
131 New York vu du ciel, années 1940.
132 Walt Whitman.
134 Grace Paley, 1986.
135 Lower Eats Side, années 1930.
136 Hester Street, 1914.
140 L'incendie de la Triangle, 25 mars 1911, peinture de V. J. Gatto. Museum of the City of New York.
142 Une fenêtre du «Rainbow Room», restaurant au sommet du Radio Building.
143 Illustration de mode de Benigni, Noël 1928.
144/145 New York pendant la Dépression.
146 Portrait de James Baldwin.
149 Meeting politique à Harlem, années 1950.
150 *Flagrant Délit*, dessin de Madelon Vriesendorp.
153 *A Jewish Giant at home with his parents in the Bronx*, New York., 1970. Photo de Diane Arbus.
154 Greenwich Village dans les années 1950.
157 Washington Square dans les années 60.
158 Fumeur de crack.
159 Arrestation de police, 1991.
161 Scène de rue à Soho.
162 Audrey Hepburn dans *Diamants sur canapé* de Blake Edwards, prod. Martin Jurrow/Richard. Sheperd, 1961.
163h Michael Douglas dans *Wall Street* d'Oliver Stone, prod. Edward Pressman, 1987.
163b Jean Peters et Richard Widmark dans *Le Port de la drogue* de Samuel Fuller, prod. Jules Schermer/20th Century Fox, 1953.
164 *Manhattan* de Woody Allen, prod. C. Joffe/J. Rollins/R. Greenhut, 1979.
165 *Un jour à New York* de Stanley Donen et Gene Kelly, prod. Arthur Freed, 1949.
169 La Septième Avenue vue de la 35e rue, 1935, photo de Berenice Abbott.
171 Park Avenue et la 39e rue, 1936, photo de Berenice Abbott.
172 *City Arabesque*, photo de Berenice Abbott.

INDEX

“Ce que les critiques ont appris à admirer dans nos gratte-ciel réside dans leurs photographies. C’est une architecture faite, non pour l’homme, mais pour les anges et les aviateurs.” (Lewis Mumford)

CRÉDITS PHOTOGRAPHIQUES

AFP, Paris, 105. Archiv für Kunst und Geschichte, Berlin 108. Art Institute, Chicago 120/121. Associated Press, Paris 58h. Avery Library, Columbia University, New York 54b. Ballet Society, New York 60/61. Alain Bazard, Paris 110/111. Richard Berenholtz, New York 2, 4, 7, 8. Bibliothèque nationale, Paris 20/21, 21, 109. British Film Institute, Londres 101, 164, 165. Brown Brothers, Philadelphie 73, 116/117h. Capricorn Galleries, Bethsada, Maryland 80b. Jean-Loup Charmet, Paris 50, 143. Christophe L., Paris 95b, 100, 163b. Cinémathèque française, Paris 162, 163h. Coll. part. 4e plat. Berenice Abbott/Commerce Graphics 1er plat, 3, 5, 6, 9, 169, 171, 172. Dagli Orti, Paris 14/15. Descharnes and Descharnes Sarl, Paris 113. Seymour Durst Old York Library, New York 11, 18/19, 22, 28/29, 29b, 44/45b, 53, 72, 87, 90, 91, 92/93, 130, 144/145. DR Dos, 13, 15h, 15b, 16, 18, 26/27, 28, 34/35h, 354/35b, 36m, 36/37h, 36/37b, 43, 44/45h, 46, 47, 48/49, 56, 57, 68, 70, 70/71, 71, 76m, 77b, 80/81, 88, 89, 90/91, 92, 93b, 100/101, 104, 112/113, 122/123, 124h, 129, 132, 142. Edimedia, Paris 51. Embassy International Pictures 88/89. Estate of Diane Arbus, 1971 153. Estate of Walker Evans 56/57. Explorer, Paris 59b, 64/65. Fisk University, Nashville/© ADAGP. The Granger Collection, New York 20, 22/23. The Solomon R. Guggenheim Museum Collection, New York 59h. S.A. Jazz Memories, Antigny 94g. Keystone, Paris 39h, 54h. Library of Congress, Washington 44m. Magnum, Paris 62, 64, 65, 83, 84/85, 124b, 126. De Andrade/Magnum 146.Driggs/Magnum, Paris 78. L. Freed/Magnum 149. Inge Morath/Magnum 134. The Museum of the City of New York 12, 27, 30/31, 32, 32/33, 52b, 106, 114/115h, m & b, 116b, 140. National Baseball Library, Cooperstown 82m. National Gallery of Art, Washington 118/119. National Gallery of Art, Washington/Gift of the Mark Rothko Foundation 61. New York Bound 34h, 40, 55, 117. New York Historical Society 16/17, 24/25. The New York Public Library 75b. Michael Ochs Archives, New York 82h. Rapho, Paris 63, 68/69, 69, 86, 114, 122h, 123, 127, 154, 157. Namuth/Rapho, Paris 60. M. Peterson/Rapho, Paris 159. H. Roth/Rapho, Paris 135. J. Rodriguez/Rapho, Paris 158 Bill Wassman/Rapho, Paris 161. Roger-Viollet, Paris 38/39, 41, 50/51, 93h, 131, 136. Schomburg Center, New York 66, 67, 74, 76hg, 76b, 77h, 79, 81b. Shark's Inc. Boulder, Co 107, 124/125. Shirmer/Mosel Verlag GmbH, Munich 96/97, 98, 99. Sipa, Paris 115. UPI/Bettmann, New York 52h, 75h, 81m, 94d, 95h, 102b. Madelon Vriesendorp 150. The Andy Warhol Foundation Inc., New York 62/63. Whitney Museum of American Art, New York 42. Wide World Press Inc., New York 102h, 103. Yale University Art Gallery, New Haven 58m.

ÉDITION ET FABRICATION

DÉCOUVERTES GALLIMARD
DIRECTION : Pierre Marchand et Elisabeth de Farcy.
GRAPHISME : Alain Gouessant. FABRICATION : Violaine Grare. PROMOTION : Valérie Tolstoï.
NEW YORK
EDITION : Cécile Dutheil de la Rochère. MAQUETTE : Alain Gouessant et Dominique Guillaumin (Témoignages et Documents). ICONOGRAPHIE : Alexandra Rose.
LECTURE-CORRECTION : François Boisivon et Pierre Granet.
PHOTOGRAVURE : FNG. MONTAGE PAO : DFG et Dominique Guillaumin.

Table des matières